U1018136

普通高等教育精品规划教材

高等学校编辑出版学专业系列教材

《出版法律基础》案例选编

主编　黄先蓉　　　副主编　刘菡

WUHAN UNIVERSITY PRESS
武汉大学出版社

图书在版编目(CIP)数据

《出版法律基础》案例选编/黄先蓉主编.—武汉：武汉大学出版社，2018.3
高等学校编辑出版学专业系列教材
ISBN 978-7-307-19684-1

Ⅰ.出…　Ⅱ.黄…　Ⅲ.出版法—案例—中国—高等学校—教材　Ⅳ.D922.85

中国版本图书馆CIP数据核字(2017)第226788号

责任编辑:陈　豪　　责任校对:李孟潇　　版式设计:马　佳

出版发行:**武汉大学出版社**　(430072　武昌　珞珈山)
(电子邮件:cbs22@whu.edu.cn　网址:www.wdp.com.cn)
印刷:虎彩印艺股份有限公司
开本:720×1000　1/16　印张:7.25　字数:125千字　插页:1
版次:2018年3月第1版　2018年3月第1次印刷
ISBN 978-7-307-19684-1　定价:16.00元

版权所有，不得翻印；凡购我社的图书，如有质量问题，请与当地图书销售部门联系调换。

目　　录

第一章　导论 …… 1

【案例 1】冰岛罂粟花案 …… 1

【案例 2】科学教派与阿诺德 · 勒玛版权纠纷案 …… 4

【案例 3】辛普森杀妻案 …… 6

【案例 4】伪书《没有任何借口》拷问出版诚信 …… 9

第二章　有关出版主体法律规定的案例 …… 12

【案例 1】人民日报出版社完成转企改制 …… 12

【案例 2】北京第三极书局停业 …… 13

【案例 3】珠海出版社被吊销 …… 15

【案例 4】湖北日报深化体制改革 …… 16

【案例 5】上海译文出版社图书召回 …… 18

第三章　有关代理行为法律规定的案例 …… 20

【案例 1】表见代理合同纠纷案 …… 20

【案例 2】中国××广播出版社与北京××文化传播有限公司合作出版合同纠纷案 …… 22

【案例 3】储×诉××教育出版社等侵犯著作权纠纷案 …… 24

【案例 4】徐×与××出版社侵犯著作财产权纠纷上诉案 …… 26

【案例 5】甲出版社诉北京乙建筑装饰有限公司无权代理纠纷案 …… 28

【案例 6】代理权滥用纠纷案 …… 30

【案例 7】版权引进：外语教学与研究出版社 …… 31

【案例 8】版权引进：人民文学出版社 …… 33

第四章　有关出版合同法律规定的案例 …… 37

【案例 1】作家张×与××文化公司出版合同纠纷案 …… 37

【案例 2】作家贾×作品《古炉》数字版权纠纷案 …………………… 39
【案例 3】因出版合同纠纷作家辛×被判赔违约金 50 万元案 ……… 40
【案例 4】作家蒋×诉北京××文化有限责任公司著作权许可合同纠纷案 …………………………………………………… 42
【案例 5】××出版社授权超期仍网上卖书被判侵权案 ……………… 43
【案例 6】××出版社据普通许可协议起诉被驳回案 ………………… 44
【案例 7】著作权人和专有出版权人的权利纠纷案 …………………… 45

第五章 有关不正当竞争行为的案例 ……………………………………… 48
【案例 1】翻译家马×诉××出版社不正当竞争案 …………………… 48
【案例 2】××县新华书店有限公司为推销教学用书向学校行贿案 ……………………………………………………………… 49
【案例 3】甲空调败诉法院判定其构成虚假宣传案 …………………… 51
【案例 4】甲图书公司诉乙出版社侵害商业秘密纠纷案 ……………… 52
【案例 5】甲出版社诉乙出版社侵犯商业信誉、商品声誉纠纷案 …… 54

第六章 有关著作权法律规定的案例 ……………………………………… 57
【案例 1】李×与于×著作权权属、侵权纠纷案 ………………………… 57
【案例 2】傅×岷与重庆甲影视传媒有限公司著作权侵权纠纷案 ………………………………………………………… 59
【案例 3】张×权与吴×杰、吴×雄等委托创作合同纠纷案 ………… 64
【案例 4】郑×与俞×良著作权转让合同纠纷上诉案 ………………… 67

第七章 有关出版广告的案例 ……………………………………………… 72
【案例 1】一起虚假图书广告投诉案的思考 …………………………… 72
【案例 2】图书宣传牛皮吹上天 卖书岂容虚假广告 ………………… 75
【案例 3】教科书涉嫌做广告 …………………………………………… 76
【案例 4】图书封底刊登广告引发争议 ………………………………… 78

第八章 有关出版业纠纷解决办法的案例 ………………………………… 79
【案例 1】姚×与蒋×著作权侵权纠纷案 ……………………………… 79
【案例 2】景德镇甲实业有限公司与景德镇乙陶瓷有限公司侵犯作品复制权、发行权纠纷案 ………………………………… 80

【案例 3】周×与谢×著作权侵权纠纷案 …… 81
【案例 4】中国甲财政经济出版社诉广西南宁乙图书有限公司侵害出版权纠纷案 …… 83
【案例 5】图书经销合作协议纠纷案 …… 84
【案例 6】图书委托创作纠纷案 …… 85
【案例 7】朱×诉××教育出版社著作权权属、侵权纠纷案 …… 86
【案例 8】西安甲影视与曲江乙影视著作权侵权纠纷案 …… 88

第九章　有关诉讼时效法律规定的案例 …… 90
【案例 1】方×与上海××出版社有限公司返还原物纠纷案 …… 90
【案例 2】甲书局股份有限公司诉乙文艺出版社有限公司等侵害作品复制权、发行权纠纷案 …… 92
【案例 3】甲影视发行有限公司诉乙电视台侵害作品广播权纠纷案 …… 94
【案例 4】北京甲影视制作有限公司与四川乙电影频道管理有限公司侵害作品广播权纠纷案 …… 96
【案例 5】广东甲文化传播有限公司与乙在线股份有限公司著作权权属、侵权纠纷案 …… 98
【案例 6】四川××出版传媒股份有限公司与重庆××商务管理顾问有限公司联营合同纠纷申请再审案 …… 100
【案例 7】张×等诉广东××文化传播有限公司侵害著作财产权纠纷案 …… 102
【案例 8】北京××在线数字出版股份有限公司诉上海市民办××学校侵害作品信息网络传播权纠纷案 …… 105
【案例 9】广州甲文化传播有限公司诉成都乙网络科技有限公司侵害作品信息网络传播权纠纷案 …… 107

后记 …… 110

第一章 导 论

在市场经济条件下，各种经济关系和经济活动都是通过一系列的法律法规来规范的。各种经济组织处在庞大而复杂的法律环境之中，其生命周期的每一个阶段，从成立、运行到消灭都有相应的法律规范。出版企业和其他经济组织一样，是市场经济活动的主体，因此了解和熟悉自己所处的法律环境十分重要。本章案例主要涉及法的谱系及出版职业道德的相关内容，包括：民法谱系国家与普通法系国家的区别，美国著作权合理使用制度与我国的区别，出版法规与出版职业道德的关系。

【案例 1】

冰岛罂粟花案①

【案情】 湖北农妇岳×种植了 13 830 株冰岛罂粟花，湖北法院认定其犯有非法种植毒品原植物罪，判处其有期徒刑 6 年；江西法院则认定冰岛罂粟花不是毒品，判决报道此案的××日报社侵犯了江西一杂志社的名誉权。

2001 年 10 月，湖北宜昌市伍家岗区法院一审判决，种植了 13 830 株冰岛罂粟花的农妇岳×，犯有非法种植毒品原植物罪，判处其有期徒刑 6 年，并处罚金 2 000 元。岳×被判有罪后未提出上诉。

据查，2001 年 1 月，湖北农妇岳×将所购的冰岛罂粟花种子撒在了自家对面的山坡上。5 月，冰岛罂粟花开花了。邻居见这花像是罂粟，就举报给了当地派出所。5 月 15 日，宜昌市伍家岗区公安局将山上的冰岛罂粟花全部铲除，一共有 13 830 株。5 月 15~17 日，民警对岳×先后进行了 3 次讯问，得知岳×从《农村××通》上得到种植冰

---

① 搜狐新闻．冰岛罂粟花是不是毒品 湖北、江西法院认定相反［EB/OL］．［2002-10-08］．http：//news. sohu. com/42/02/news203570242. shtml.

岛罂粟花的信息来源以后，在不知是否违法的情况下，出于盈利的目的，将罂粟花种在了让人很难看见的半山腰上（岳×辩称只剩下那一块闲地）。

2001年9月，伍家岗区检察院对岳×提起公诉，指控岳×涉嫌非法种植毒品原植物罪。湖北宜昌市伍家岗区法院对此案进行了公开审理。在法庭上岳×辩称，自己种植冰岛罂粟花时并不知其为毒品，否则是不会种的，而且也没有种那么多。岳×的辩护人称，公诉机关的指控事实，证据不足，不能认定被告人有罪；公安机关所作的鉴定结论专业性不强，结论模糊，不能证实所种植的植物就是毒品原植物。因岳×对鉴定结论提出异议，此结论又是认定本案的关键，法院提请宜昌市公安局作了补充鉴定，证实岳×种植的冰岛罂粟花就是罂粟，而非观赏类植物。

法院经审理后认定，岳×明知罂粟是毒品原植物而非法种植，数量巨大，在收获前未自动铲除，其行为已构成非法种植毒品原植物罪。

与此相关，另一起案件的判决结果却截然相反。2002年5月，江西省高级法院终审判决认定，冰岛罂粟花不是毒品，而是园林观赏植物，可作花卉种植。××日报社所属《××都市报》在报道湖北农妇岳×一案中，把江西《农村××通》杂志与毒品犯罪相联系，因此侵犯了《农村××通》的名誉权。

2001年5月20日，在湖北农妇岳×因种植冰岛罂粟花被当地警方拘留之后，《××都市报》以"《农业××通》竟推荐种罂粟'致富'"为题报道了此案，并配发了《"书"之祸》的评论。据采写这篇报道的记者介绍，报道是依据宜昌市公安局伍家岗区分局通讯员的稿子写的，因此稿子中《农业××通》（应为《农村××通》）的笔误也没有纠正过来。

报道刊发后，农村××通杂志社将××都市报编辑部告上了南昌市中级法院，理由是报道侵犯了其名誉权。农村××通杂志社认为：《××都市报》无根据地报道原告有违法事实并加以评论，报道所指的出版物就是原告出版的《农村××通》2000年增刊，该增刊广告中介绍的花卉种子名称为"冰岛罂粟花"，冰岛罂粟花与罂粟是有本质区别的植物，《××都市报》在报道时故意把刊物广告上介绍的冰岛罂粟花中的"冰岛"和"花"字隐去，把《农村××通》杂志与毒品和犯罪联系在一起，误导读者，使杂志的名誉受到了极大的损害，向《××都市报》要求经济赔偿200万元。

南昌市中级法院一审认定，冰岛罂粟花与罂粟同科，但形态特征及所含化学成分有所不同，前者为园林观赏植物，不属于用来提炼毒品的罂粟，可作花卉种植。2001年12月，南昌市中级法院判决，××日报社名誉侵权成立，判赔15万元。江西省高级法院二审维持了一审的判决。

【分析】两起案件关键都集中在冰岛罂粟花是不是毒品上。中国人民大学法学院韩玉胜教授认为，我国刑法将非法种植毒品原植物罪列入毒品罪里，也就表明，种植的植物要能提炼出毒品来，才能算作这里指的“毒品原植物”，如果不能提炼出毒品，就算是名称里有“罂粟”也不能算作毒品原植物。最高法院研究室刑事处处长马东说，一种植物算不算毒品原植物，还是要依公安机关的鉴定来判断。作为记者，对冰岛罂粟花是不是毒品罂粟不可能清楚。报社是依靠警方的案件记录等资料进行的报道，按照惯例，报社对这些资料的真实性并不进行审查。假设冰岛罂粟花不是毒品，但记者按照公安机关的一些询问笔录、刑事案件破案登记表等资料进行报道，这些资料能不能使新闻媒体在名誉权官司中免责还存在争议。

《最高人民法院1998年关于审理名誉权案件若干问题的解释》第6条规定：“新闻单位根据国家机关依职权制作的公开文书和实施的公开的职权行为所作的报道，其报道是客观准确的，不应当认定为侵害他人的名誉权；其报道失实或者前述文书和职权行为已公开纠正而拒绝更正报道，致使他人名誉受到侵害的，应当认定为侵害他人名誉权。”

专家们对公安机关提供的新闻通讯稿、刑事案件立案报告书等是否为规定里的“公开文书”的理解并不相同。中国人民大学法学院张新宝教授说，加盖公安局公章的新闻通稿应该算是权威机关发布的公开信息，如果媒体的报道与这些通稿没有实质的差别，就应该认定媒体尽到了注意的义务，媒体应该可以免责。但他同时也强调，一个原则就是媒体必须给予读者完整、确定的信息。最高法院应用法学研究室杨洪逵则认为，按照新闻通稿报道，很难使媒体免责，因为新闻通稿毕竟只是新闻作品，不是文件，不能算作是依职权制作的文书，没有确定性效力。

【启示】我国作为民法谱系国家，没有判例法的历史，在这些案件中，法官的自由裁量权起着十分重要的作用，法官根据自己对法律条文的理解进行判刑，这就不可避免地存在“同案不同判”的现象。2010年11

月 26 日，最高人民法院发布《关于案例指导工作的规定》，对指导性案例的编选条件、编选程序、指导价值和参照适用等作了原则规定。截至 2013 年 9 月，最高人民法院审判委员会讨论通过并公开发布了 4 批 16 个指导性案例①，希望通过指导性案例来统一判案标准，减少“同案不同判”现象的发生。

【案例 2】

科学教派与阿诺德·勒玛版权纠纷案②

【案情】 勒玛以前曾是科学教派的成员，多年来一直寻求揭露这一邪教组织的欺骗本质。勒玛得到了被该教会奉做圣经的文本，并将它摘录刊登在互联网上。科学教派认为这些文本是它的财产（文本原件保存于 24 小时保安看守、大门紧锁的保险库里。只有本教成员才能见到该文本，而且观看之前必须签署不公布其内容的协议）。在勒玛把部分文件扫描进电脑，并公布在互联网上之后，该教会的一个分支——宗教技术中心（Religious Technology Center）对他提起诉讼。宗教技术中心称，这种使用是版权侵权，勒玛则说是合理使用。

利奥尼·布林克马（Leonie Brinkema）法官采用合理使用的 4 条标准来评估被告的辩护。勒玛认为，他的公开行为属于法律所定义的批评、评论、新闻报道或学术研究。布林克马驳回了这种观点。勒玛的目的不是中立的，他上网张贴这些材料主要不是为了公共利益。虽然他张贴这些材料不受商业动机的驱动，但是，勒玛的动机肯定不支持被告的合理使用抗辩。布林克马说，第一个因素有利于宗教技术中心。布林克马法官在使用第二个标准时说，虽然作品的事实性质（而非虚构性）有利于勒玛，但是，该材料此前未出版这一事实有利于宗教技术中心。第三个因素显然有利于宗教技术中心，因为勒玛复制了该文本的不连续的几部分的所有内容。第四个原则——使用对享有版权的作品的市场影响有利于被告，没有证据显示，勒玛的行为损害了该教会，也没有证据证明，勒玛是该教会的竞争者。综合以上 4 个因素，法庭判决，勒玛在

---

① 胡云腾．关于案例指导制度的几个问题［N］．光明日报，2014-01-29.

② 唐·R. 彭伯．大众传媒法［M］．张金玺，赵刚，译．北京：中国人民大学出版社，2004：494-495.

网上张贴该材料不是合理使用。

【分析】美国1976年版权法第107条规定："尽管有第106条和第106A条的规定，为了诸如批评、评论、新闻报道、教学（包括为了课堂使用的大量复制）、学术或科学研究之目的，对一部享有版权的作品的合理使用，包括诸如通过复制件或录音制品或者该条规定的其他任何方式复制的使用不是版权侵权行为。在任何特定情形下，确定这种使用是否合理使用，考虑的因素应当包括：（1）使用的目的和性质，包括是否具有商业性质或者是为了非营利的教育目的；（2）享有版权的作品的性质；（3）与享有版权的作品整体相比所使用部分的数量和实质性；（4）使用对享有版权的作品的潜在市场或价值的影响。"1992年10月24日，美国颁布版权法修正案，在第107条最后增加了一款："一部作品未出版的事实本身不应妨碍合理使用的判决，只要该判决是在考虑了上述所有因素基础上作出的。"利奥尼·布林克马（Leonie Brinkema）法官采用这4条标准得出勒玛在网上粘贴材料不是合理使用的结论。

【启示】我国《著作权法》第22条规定了合理使用的12种情况。具体如下：（1）为个人学习、研究或者欣赏，使用他人已经发表的作品；（2）为介绍、评论某一作品或者说明某一问题，在作品中适当引用他人已经发表的作品；（3）为报道时事新闻，在报纸、期刊、广播电台、电视台等媒体中不可避免地再现或者引用已经发表的作品；（4）报纸、期刊、广播电台、电视台等媒体刊登或者播放其他报纸、期刊、广播电台、电视台等媒体已经发表的关于政治、经济、宗教问题的时事性文章，但作者声明不许刊登、播放的除外；（5）报纸、期刊、广播电台、电视台等媒体刊登或者播放在公众集会上发表的讲话，但作者声明不许刊登、播放的除外；（6）为学校课堂教学或者科学研究，翻译或者少量复制已经发表的作品，供教学或者科研人员使用，但不得出版发行；（7）国家机关为执行公务在合理范围内使用已经发表的作品；（8）图书馆、档案馆、纪念馆、博物馆、美术馆等为陈列或者保存版本的需要，复制本馆收藏的作品；（9）免费表演已经发表的作品，该表演未向公众收取费用，也未向表演者支付报酬；（10）对设置或者陈列在室外公共场所的艺术作品进行临摹、绘画、摄影、录像；（11）将中国公民、法人或者其他组织已经发表的以汉语言文字创作的作品翻译成少数民族语言文字作品在国内出版发行；（12）将已经发表的作品改成盲文出版。

美国的合理使用只是提出了4个标准，法官根据4个标准对作品进行衡量，根据自己的理解进行合理的判决，我国合理使用明文规定12种情况，与美国的标准相比，灵活性不够强。

【案例3】

辛普森杀妻案①

【案情】1994年前美式橄榄球运动员辛普森（O. J. Simpson）杀妻一案成为当时美国最为轰动的事件。此案当时的审理一波三折，辛普森（O. J. Simpson）在用刀杀害前妻及餐馆的侍应生郎·戈德曼两项一级谋杀罪的指控中，由于警方的几个重大失误导致有力证据的失效，以无罪获释，仅被民事判定为对两人的死亡负有责任。本案也成为美国历史上疑罪从无的最大案件。

1994年6月12日深夜，洛杉矶西部一豪华住宅区里，一只小狗在不停地狂吠，引起了邻居家的注意。人们在一住宅门前发现两具血淋淋的尸体。女死者后来证实是妮可·布朗·辛普森，而她身后是餐馆的侍应生郎·戈德曼。两人浑身血痕，而且被利器割断喉咙而死。死亡时间是晚上10点多。

案发当晚黄昏，妮可同孩子到戈德曼所在的餐馆吃饭。离开后曾打电话说遗留下了一副太阳镜，戈德曼找到后对同事说下班送还给妮可。案发后凌晨，4名警察部侦探来到死者前夫即著名的黑人美式足球（橄榄球）明星辛普森住所，在门外发现其白色的布朗哥型号汽车染有血迹，车道上也发现血迹。按铃无人回应，侦探爬墙而入，其中一个侦探福尔曼在后院找到一只染有血迹的手套和其他证据。

案件主要证人是当时住在客房的朋友基图，他作供说客房墙外有像地震一样的响声。此外一个被电话预约的接辛普森去机场的司机说：晚10点左右他到辛普森家按门铃无人回应，接近11点时，发现一高大黑人（与辛普森相似）匆匆从街外跑回屋，按门铃后辛普森回应了，出来说他睡着了，然后坐车到机场去芝加哥。

---

① 百度百科．辛普森杀妻案[EB/OL].[2016-02-23].http://baike.baidu.com/link?url = wX6JelXa7lXXmSBnesLJwLIiaToZRs0BKHHJRi3kO2erlrhG92ORYDDIet _ G7p2Pda QX-PIYxnjRKl7F15nHYuK#4_1.

案发后凌晨，辛普森在芝加哥酒店接到警方通知前妻死讯，清早赶回加州。回来后辛普森在律师极力反对下单独接受了警察一小时的问话。当时警察发现辛普森受伤。他解释说，接到前妻死讯过于激动打破镜子而受伤。警察经过几天调查后，决定将辛普森列为主要疑犯准备逮捕。

6月17日，辛普森的律师准备陪同辛普森回警察局时，发现本来在楼上休息的辛普森已不知去向。随后全国观众在电视上看见了难忘的镜头：天上直升机队、地上巡逻车队全面出动，几小时后，终于发现辛普森的白色小车。几十辆警车在洛杉矶公路上展开追逐，最后辛普森被逮捕。

正式审判开始后，在开庭陈词时检方指控辛普森预谋杀妻，作案动机是嫉妒心和占有欲。离婚之后，辛普森对妮可与年轻英俊的男人约会非常吃醋，一直希望破镜重圆，但希望日益渺茫。案发当天，在女儿的舞蹈表演会上妮可对辛普森非常冷淡，使他萌发了杀机。戈德曼则属于误闯现场，偶然被杀。法医鉴定表明，被害人死亡时间大约在晚上10：00~10：15。辛普森声称，当晚9：40~10：50他在家中独自睡觉，无法提供证人。

在整个审判过程中，根据律师的建议，辛普森依法要求保持沉默，拒绝出庭作证。但是，检方关于预谋杀人的指控似乎不合情理，主要原因是：辛普森当晚要赶飞机，他已预约了豪华出租车送自己去机场。这一安排实际上堵死了他本人作案的后路，因为他必须在短短1小时10分钟之内驱车前往现场，选择作案时机，执刀连杀两人，逃离凶案现场，藏匿血衣凶器，洗净残留血迹，启程前往机场，整个环节稍有差错闪失就会耽误飞机起飞的钟点，这时，出租车司机便会成为重要证人。另外，对辛普森这种缺乏训练和经验的“业余杀手”来说，使用枪支是最佳选择，根本没必要用利刃割喉杀人。这种作案方式不仅弄得自己满身血迹，而且会在凶杀案现场、白色小车和自己住宅中留下难以抵赖的“血证”。

辩方认为，妮可有可能被贩毒集团或黑手党杀害，因为妮可有吸毒历史，如果她大量购买毒品之后未能按时支付，就有可能被黑手党暗下毒手，而割喉杀人正是黑社会惯用的凶杀手段。另外，戈德曼与妮可之间也不是一般关系，有人曾看见他驾驶妮可那辆价值15万美元的白色法拉利牌高级跑车在街上兜风。更令人生疑的是，1993—1995年，戈德曼打工的那家意大利餐厅竟然有4位雇员被谋杀或神秘失踪。

在辛普森案中，由于检方证据全都是间接证据，因此，辩方律师对这些“旁证”进行严格鉴别和审核，是这场官司中极为重要的一环。令人失望的是，检方呈庭的证据破绽百出，难以自圆其说，使辩方能够以比较充足的证据向陪审团证明辛普森未必就是杀人凶手。

1995年10月3日，美国西部时间上午10点，当辛普森案裁决即将宣布之时，整个美国一时陷入停顿。克林顿总统推开了军机国务，前国务卿贝克推迟了演讲，华尔街股市交易清淡，长途电话线路寂静无声。数千名警察全副武装，如临大敌，遍布洛杉矶市街头巷尾。CNN统计数字表明，大约有1.4亿美国人收看或收听了“世纪审判”的最后裁决。陪审团裁决结果：辛普森无罪。

【分析】在美国的司法体制中，仅仅依赖间接证据就把被告定罪判刑绝非易事。这是因为，仅凭个别的间接证据通常不能准确无误地推断被告人有罪，必须要有一系列间接证据相互证明，构成严密的逻辑体系，排除被告不可能涉嫌犯罪的一切可能，才能准确地证实案情。此外，间接证据的搜集以及间接证据和案情事实之间的关系应当合情合理、协调一致，如果出现矛盾或漏洞，则表明间接证据不够可靠，不能作为定罪的确凿根据。在辛普森案中，检方呈庭的间接证据之一是在杀人现场发现了被告人的血迹，可是，由于温纳特警长身携辛普森的血样在凶杀案现场溜达了3个小时之久，致使这一间接证据的可信度大打折扣。① 此外，在整个审判过程中，辛普森依法要求保持沉默，拒绝出庭作证，坚持“零口供”。最终因为证据不足，辛普森无罪。

【启示】通过辛普森一案，可以看出美国司法制度对程序公正和确凿证据的重视程度远远超过了寻求案情真相和把罪犯绳之以法。实际上，整个美国宪法和司法制度的核心是注重保障公民权利和遵循正当程序。美国最高法院大法官道格拉斯精辟地指出：“权利法案的绝大部分条款都与程序有关，这绝非毫无意义。正是程序决定了法治与随心所欲或反复无常的人治之间的大部分差异。坚定地遵守严格的法律程序，是我们赖以实现法律面前人人平

---

① 百度百度．辛普森杀妻案［EB/OL］．［2016-02-23］．http：//baike. baidu. com/link？url＝wX6JelXa7lXXmSBnesLJwLIiaToZRs0BKHHJRi3kO2erlrhG92O RYDDIet_G7p2PdaQXPIYxnjRKl7F15nHYuK#4_1.

等的主要保证。”①

【案例 4】

伪书《没有任何借口》拷问出版诚信②

【案情】《没有任何借口》，署名“［美］费拉尔·凯普著，金雨编译”，2004 年 1 月由机械工业出版社出版，到 10 月份已再版 24 次，销量超过 200 万册。一大批国内赫赫有名的企业批量购买，发给员工人手一册，甚至还要求员工学习以后谈“体会”，写“读后感”。

2005 年，《没有任何借口》被揭发为伪书。美国约翰·威利出版公司（亚洲）发表了声明称：《没有任何借口》《美国陆军领导力手册》两书仅授权中国社会科学出版社中国大陆简体版权，在此之前没有授权其他出版机构，现在中国大陆市面上流行的同书名、类似书名图书，都不是授权版本。该公司将保留向中国司法机关提起诉讼，以及向中国新闻出版管理机关申告的权利。

中国社会科学出版社表示，近年来有多种引进版图书遭遇跟风仿冒，从而蒙受了巨大的损失。如《培育男孩》一书发行不久，市场上就出现了《培养男子汉》《塑造男子汉》。《没有任何借口》尚未翻译完毕，同名的《没有任何借口》（机械工业出版社）、《没有任何借口Ⅱ》（中国工人出版社）、《没有任何借口全集》（朝华出版社）就在市面上发行了。《西点领导课》正在校对之中，近似书名的《西点法则》（民主与建设出版社）就闪亮登场了。引进版图书尤其是畅销书的跟风仿冒现象，引起了业内相关人士的强烈关注。

【分析】《没有任何借口》之所以是伪书，有以下原因：

（1）违规出版。此前出版的各种版本的同名书没有一本按规定在版权页上印有版权合同登记号，也没有原版书的原文书名、出版机构、出版日期

① 百度百科．辛普森杀妻案［EB/OL］．［2016-02-23］．http：//baike. baidu. com/link? url = wX6JelXa7lXXm SBnesLJwLlia ToZRs0BKHHJRi3kO2erlrhG92 ORYDDIet _G7p2PdaQXPIYxnjRKl7F15nHYuK#4_1.

② 新华网．伪书《没有任何借口》拷问出版诚信［EB/OL］．［2004-11-22］．http：//news. xinhuanet. com/book/2004-11/22/content_2245274. htm.

等。仅此，任何读者都可以质疑，这些书并非引进版；所有国内的出版管理机构也都可以认定，这些书都不是版权书。很明显，这些出版物是违规和假冒的。

（2）伪造作者。这些版本的《没有任何借口》都署作者名为费拉尔·凯普（Ferrar Cape）（有的版本还署费尔拉·凯普或只署凯普），但唯一出版此书原著的美国约翰·威利出版公司（John Wiley & Sons，Inc.）通过美国出版商协会查阅所有出版资料，没有找到署此名作者的任何资料，即使全球最大图书网站亚马逊书店，也找不到这个叫费拉尔·凯普的人和他的 *No Excuse*！一书。而这些版本的作者简介显然也是编造的，据查，其中所谓“职业训练与发展中心”在美国只有一家是做计算机技术培训的，而作者其他身份更查不到了。伪书制造者心虚地将译者标为编译，其实，就已经是不打自招了。

（3）伪造评语。这些伪版本的封底都堂而皇之地印有所谓《纽约时报》等媒体评语，可任何检索查询都没有。所谓“最完美的企业员工培训读本”更是杜撰，这句话到了《没有任何借口Ⅱ》封底又变成了《华尔街日报》评语了，而有的评语则与此书无关，显然是挪用其他而牵强此书。

（4）拼凑内容。正版原著《没有任何借口》（*No Excuse Leadership—Lessons from the U. S. Army's Elite Rangers*）全书 25 万多字，由 10 位原美国游骑兵学院的军官和士兵所讲的故事组成。而伪书与此内容毫无关联，其拼凑的 10 万字的内容和案例，在许多励志类书中都能看到类似的内容。而跟风拼凑的《没有任何借口Ⅱ》内容更令人啼笑皆非，居然还有所谓“干一行、爱一行、成一行”。可见，这些伪书根本不具备自主知识产权。

伪书与正版原著的主旨思想更是大相径庭。伪书讲的是企业员工对公司、上司、老板要忠诚、服务，要有在极端状态下完成不可能完成任务的勇气，强调所谓“执行力”。正版书则通过十大行为准则，以人性化、科学化的手段，“促使员工在极端条件下做出优异表现，无论成功几率多小，都能坚持不懈，以培养员工不惜任何代价获取成功的精神力量”，强调的并非被动服从，而是“领导力”——一个理想团队中的每个成员都是某种意义上的领导者，这才是《没有任何借口》真正的思想精髓。

伪书称“没有任何借口”的思想源于西点军校，实际上正版原著讲述的是美国陆军一个不为人所知，但却令西点学子十分向往的美国游骑兵学院。熟知美国军事史的都知道，“没有任何借口”的思想是在游骑兵学院中源起，并被发扬光大，乃至被推广至美国军队。①

伪书当然涉嫌违法：第一，违反《民法通则》中关于名誉权的规定，构成对被假冒的个人或单位的名誉的侵害。第二，大部分伪书是摘录、拼凑、抄袭而成，违反《著作权法》的规定，侵害他人的著作权。侵权内容既包括人身权如发表权、署名权等，也包括财产权如发行权等。第三，违反《反不正当竞争法》的规定，形成不正当竞争。伪书通常瞄准已经出版和即将出版的畅销书，炮制相同或相近的书名、装帧，与正版图书打时间差和价格差，迅速占领市场，通过不正当竞争获取非法利益。第四，伪书以夸大的甚至是虚假的宣传，误导和欺骗消费者（读者），既违反了《广告法》，也违反了《消费者权益保护法》的规定。按照正规出版流程，在出版引进版图书时，出版社应向当地版权局登记，只有在出示了外版原书封面和版权页的复印件以及版权合同等证明文件后，才能得到著作权合同登记号。有了这些文件，才能对书稿“验明正身”。因此，判断《没有任何借口》是不是伪书，机械工业出版社有不可推卸的责任。②

【启示】书籍是人类进步的阶梯。任何一种先进的思想和科学文化知识，一经成书出版发行，就会发生作用，甚至流传久远。伪书现象使出版者的职业道德重新成为人们审视的目标。我国出版工作者应该坚持为人民服务，为社会主义服务的原则，增强使命感与责任感，树立精品意识，提高出版质量。出版工作者应该多出精品书籍，提供优质内容，更好地满足读者的精神文化需求。

---

① 东方网．正版《没有任何借口》斗伪书［EB/OL］．［2004-10-14］．http：//enjoy. eastday. com/eastday/node7209/node7248/node7364/userobject1ai623930. html.

② 人民网．伪书现象拷问我们什么？［EB/OL］．［2005-03-02］．http：//culture. people. com. cn/GB/40466/40469/3212313. html.

第二章　有关出版主体法律规定的案例

近年来，我国出版企业逐步完成转企改制进入市场，其市场经济中的法人地位愈加明显，同其他行业的企业一样，享有一定的权利，并承担一定的义务。而其地位、权利、义务的取得是由相关法律和制度来确认和保障的，其中包括法人制度、企业法、公司法以及破产法等相关法律和制度。这一章的案例围绕出版主体相关内容展开：通过列举人民日报出版社转企改制成功、北京第三极书局停业、珠海出版社被吊销、湖北日报深化体制改革、上海译文出版社图书召回等案例，对法人制度、企业法、破产法以及出版社在社会中享有的权利和义务的认识加以深化。

【案例1】

人民日报出版社完成转企改制①

【案情】 自2009年启动出版社转企改制以来，人民日报社根据中央关于深化文化体制改革的总体部署和中央各部门各单位出版社转企改制具体要求，有序地完成了清产核资、财务审计、资产评估，严谨细致地做好人员安置、劳动关系调整和社会保障接续，建立了改制企业法人治理结构，核销了事业单位编制和注销事业法人，顺利完成了企业工商注册登记等各项工作，确保国有资产不流失，确保广大干部职工切身利益得到维护，确保改革积极稳妥推进。改制后，人民日报出版社成为参与市场竞争的经营单位，朝着特色鲜明、规模适度，具有较强市场竞争力、较大社会影响力的现代化出版社的发展方向前进。

---

① 新华网．人民日报出版社完成转企改制［EB/OL］．［2011-01-04］．http：//news. xinhuanet. com/politics/2011-01/04/c_12945513. htm.

人民日报出版社已有50多年历史，确立了党政类、新闻教育类、文史类图书三大出版方向。人民日报出版社社长董伟表示，在转企改制推动下，出版社员工统一了思想，明确了思路，员工积极性、创造力得到激发。数据显示，截至2010年12月，人民日报出版社全年共出版新书263种，同比增长10%；发货码洋8 000万元，同比增长160%；营业收入5 100万元，同比增长45.7%。

【分析】法人是具有民事权利能力和民事行为能力，依法独立享有民事权利和承担民事义务的组织。出版企业的转企改制，使其拥有了合法的市场地位，转化为以盈利为目的的企业法人，解开了计划经济体制带来的束缚，具有深远的影响。

【启示】转企改制成功的新闻出版单位，激发了其内部活力，极大地提高了职工群众的积极性，取得了骄人的成绩。转制后的出版单位有三个积极变化：一是实现资产增值保值。据统计，大部分改制后的出版单位资产都实现了大幅增长，有的翻了几番。二是经营效果显著。改制以后的单位利润增长速度普遍高于没有改制的单位。过去，这些企业的利润率在6%~10%，现在多数在20%左右。三是职工收入增加，涨幅多在30%以上，有些出版社的名编辑年薪能达到几十万元，超过了社长。前新闻出版总署署长柳斌杰认为，改制是体制机制的第一步。对企业来说，下一步最重要的是选择发展方向，进行股份制改造、公司制改革，最终建立现代企业制度，全面提升竞争力。①

【案例2】

北京第三极书局停业②

【案情】2006年7月15日，第三极书局在位于北京北四环繁华地段中关村的第三极大厦内正式营业。当时的第三极书局雄心勃勃，打出

---

① 中华人民共和国国家新闻出版广电总局官网．真改革带来真发展、真变化［EB/OL］．［2012-09-26］．http：//www.gapp.gov.cn/govpublic/92/160966.shtml.

② 南方周末．第三极书局今日停业　曾是全国最大民营书店［EB/OL］．［2010-01-20］．http：//www.infzm.com/content/40451.

的标语是“全球最大全品种书店现身京城”。第三极书局营业面积近2万平方米，店内有30万种图书和10万种音像制品。第三极书局正式营业的第一个月，推出了8.5折的优惠酬宾活动。中关村图书大厦在同一天全场7.5折，价格战由此开始。中关村图书大厦的这一促销一直持续了将近3个月。第三极书局从8月起实行8折，并于9月再做出惨烈决定，全场7折一直持续到10月20日。

除了价格战以外，由于租金昂贵、政策偏向以及网络书店兴起等原因，第三极书局持续亏损，3年后，第三极书局决定搬迁。2009年10月3日，第三极书局搬迁至昊海楼地下一层，在原来的国林风书店重新开业，店名改为第三极书局国林风书店。相较于以往的第三极书局，搬迁后书店规模大幅度缩小。最终，于2010年1月20日停止营业。

据《京华时报》报道，第三极书局霍姓老总出示的财务状况显示，书局存货总码洋1 477万元，固定资产原值502万元，货币资金30万元，主要负债供货商应付账款约2 000万元，储值卡约400万元，中关村文化应付款500万元，净资产负1 800万元，总亏损约7 800万元。

【分析】《企业破产法》将破产原因规定为“不能清偿到期债务并且资产不足以清偿全部债务或者明显缺乏清偿能力”。北京第三极书局总亏损约7 800万元，而固定资产以及货币资金远远不能弥补这么巨大的亏损。且存货总码洋只有1 477万元，就算全部售出，也无法偿还债务。这符合《企业破产法》的两类原因，其一是“不能清偿到期债务并且资产不足以清偿全部债务”，另一类是“不能清偿到期债务并且明显缺乏清偿能力”。所以，北京第三极书局可以按照《企业破产法》的规定对其实施破产清算、破产和解或者破产重整。

【启示】民营书店的生存危机产生有着种种原因，其中包括来自网络电商的竞争以及教辅市场的垄断等原因。除此之外，书店关张，纸质阅读陷入危机，其背后更多的是当今时代社会阅读本身的异化。民营书店的危机本质上是读者的阅读倾向于浅阅读、轻阅读、娱乐化阅读乃至功利化阅读转变造成的。这些阅读倾向一方面来自社会快节奏的生活方式；另一方面，则是经济追求的结果。手机阅读、平板阅读、Kindle等终端阅读方式的转变，使纸质书的市场越来越狭小。

【案例 3】

珠海出版社被吊销①

【案情】珠海出版社成立于 1993 年，是一家位于中国广东省珠海经济特区的综合类出版社，拥有国内外的发行权。珠海出版社的翻译类、生活类、文学类、社科类等图书深受广大读者的欢迎，并形成品牌效应。其 1995 年出版的《古龙作品集》在出版界和读者中引起巨大反响。

2010 年 2 月至 2011 年 2 月，珠海出版社在出版包括 13 种教辅图书在内的 22 种图书过程中，向合作方或作者收取数额不等的管理费，未履行编辑、校对、印刷、发行环节的职责，管理失控，构成买卖书号行为。其中 9 种教辅图书使用同一个书号出版多卷本丛书，每分卷单独定价，构成一号多用行为，新闻出版总署对该社作出吊销图书出版经营许可证的行政处罚。

【分析】一些出版社以管理费、书号费或其他费用的名义收取费用，出让国家出版管理部门赋予的编辑、印刷、发行出版物的权利，给一些非出版单位或个人提供书号，使他们以出版社的名义出书牟利。“买卖书号”的行为，违反了国家关于出版管理的规定，背离了社会主义市场经济的发展要求和出版事业发展的规律，造成许多严重后果。② 珠海出版社的行为违反了《出版管理条例》《图书出版管理规定》等有关法规，受到了新闻出版总署严厉的行政处罚。

【启示】出版工作要坚持“两为（为人民服务，为社会主义服务）”的方针，这是出版工作性质的集中体现，是出版工作的根本要求。珠海出版社盲目追求经济效益，使一批平庸的、粗制滥造的读物得以出版，损害了读

---

① 人民网．新闻出版总署通报中小学教材教辅十大重点案件［EB/OL］．［2011-08-18］．http：//media. people. com. cn/GB/40606/15446340. html.

② 北大法宝．中共中央宣传部、新闻出版署关于禁止“买卖书号”的通知［EB/OL］．［1993-10-26］．http：//www. pkulaw. cn/fulltext_form. aspx? Gid=6379.

者的利益，败坏了社会主义出版事业的形象，理应受到处罚。

【案例4】

湖北日报深化体制改革①

【案情】目前，很多传统媒体集团上下已普遍认识到，不适应媒体变化的体制机制正在成为媒体融合发展的“绊脚石”，这些旧问题不破，媒体融合发展的新局面难以立。但是，体制机制改革牵一发而动全身，难度大，易出错，必须审慎安排。

湖北日报传媒集团社长邹贤启认为，全面深化改革，必须有良好的“战略规划”与“战术操作”。首先，在战略规划上，注重局部与整体统筹推进，突破重点求先行，突出重点谋全局。湖北日报传媒集团先在内部对经营实体分期分批实施公司化改造，通过荆楚网、印刷厂、《特别关注》的局部突破营造改革氛围，增强改革动力，自下而上推动集团层面的体制改革，建立与现代企业生产流程相适应的管理体制。其次，在战术操作上，采取先易后难、分步实施的方式，先组建并做实集团公司，优化组织结构和资源配置，然后在充分沟通和调研过程中，进一步解放思想、化解矛盾、达成共识，再研究制定资产剥离、人员分流等配套改革实施方案，从而充分调动各类人员在改革中的积极性和创造性，体现“以人为本”的改革理念。

荆楚网是湖北日报传媒集团改革的第一个突破点。此前，荆楚网和全国绝大多数省级重点新闻网站一样，多年来一直面临机制体制不活、经营能力不强、发展活力不足的困境，长期处于较少亏损或收支平衡状态，高度依赖财政和集团“输血”，自身“造血”功能不足，缺少成熟的盈利模式。

湖北日报传媒集团新一届党委上任后，提出了“打造新三板上市公司集群”的战略构想，并于2013年底启动了荆楚网新三板挂牌工作，旨在打造集团上市业务板块的排头兵。2014年7月1日，荆楚网成功挂牌新三板，成为国内首家挂牌的全国重点新闻网站。荆楚网络科技股份有限公司总经理、荆楚网总编辑张先国认为，挂牌上市不是唯一目

① 新华网．在摸索中寻找突破机会——湖北日报传媒集团媒体融合的实践与思考[EB/OL]．[2015-11-13]．http：//news. xinhuanet. com/newmedia/2015-11/13/c_134813614. htm.

的，通过上市实现企业资本扩充，更使企业内部运行机制规范化、结构化，疏通企业自身的“内循环”系统，起到“活血化瘀”的功效，才是主要目的。据荆楚网内部诸多领导和员工反映，上市一年来，变化显著，效果明显。

体制机制上提高了竞争能力。通过建立健全公司“三会一层”治理结构，规范完善人事、财务及相关管理制度，对内部岗位设置及人员薪酬进行重新梳理和规划，打破了以往“大锅饭”格局，在全员聘用的基础上实行按岗定薪、按劳分配，极大地调动了员工的积极性和创造性。

在经营管理上激发了内部活力。通过与各部门、子公司签订年度绩效责任书，并将绩效目标考核与薪酬挂钩，不但激发了各部门、子公司的积极性，也进一步完善了新媒体产品形态，加大了营销力度。荆楚网2014年度审计报告显示，全年实现收入7 866万元，完成利润2 213. 58万元，比2013年营业收入3 498. 43万元增长了124. 84%，从亏损449. 94万元到扭亏增盈2 663. 52万元，改革改出了活力，改出了业绩和效率。

在发展方式上更加积极主动。荆楚网积极对接资本市场，不断壮大公司规模，截至目前，荆楚网已通过市场投融资，控股或参股18家子公司。目前，正在进行积极引进战略投资者、推动做市商交易等工作，为未来转板、进一步对接资本市场做好准备。

在项目实施上成为“孵化器”。通过紧密结合新媒体产业特性，调研、策划、设计、论证荆楚网重大项目实施，积极申报中央和省级各类产业发展资金，2014年获得各类产业发展和政策扶持资金3 750万元，其中“新闻出版大数据服务中心建设示范工程”项目获得中央财政700万元的产业发展资金，进一步丰富了集团媒体融合发展项目布局。

有了荆楚网先行先试且成效明显的改革带动，集团印刷厂和《特别关注》的改制都得以顺利推进。2013年初，按照“精简、优化、高效”的原则，湖北日报传媒集团印刷厂对内部组织架构进行了初步调整，全面推行中心问责制和无级别管理，为转企改制奠定了良好基础。2014年12月8日，湖北楚天传媒印务有限责任公司正式挂牌运营，几十年的老厂开始卸下包袱、轻装上阵。2015年6月30日，特别关注传媒股份有限公司在全国中小企业股份转让系统（新三板）挂牌，同时还宣布向中邮集团定向增发，由中邮集团出资认购20%该公司股份，并达成战略合作协议。

【分析】企业的权利，是指根据国家法律的规定，自己从事一定行为或不从事一定行为，以及要求他人从事一定行为或不从事一定行为的能力和资格。根据《企业法》和《企业转换经营机制条例》的规定，我国企业依法享有产、供、销和人、财、物等方面的权利。湖北日报传媒集团依法享有生产经营决策权、联营兼并权、人事劳动管理权、投资决策权、留用资金支配权、资产处置权、债券发行权等权利。例如，荆楚网控股或参股 18 家子公司，说明荆楚网享有投资决策权。

【启示】处在"互联网+"与大数据时代，文化企业之间的竞争愈演愈烈。要想在市场竞争中立于不败之地，文化企业应该把握机遇，乘着科技创新与政策支持的顺风车，充分行使企业的权利，通过 IP 开发进行跨界融合，做强主业，获得更好发展。

【案例 5】

上海译文出版社图书召回①

【案情】2004 年，上海译文出版社推出《俄汉——汉俄袖珍词典》，初次印装完毕之后，并没有发现质量上的问题，第一批共向市场投放 9 000 本左右，总码洋约为 42 万元人民币。两三个月后，出版社发现该书在印装上存在一些技术上的缺陷，主要是封面材料和所用的胶水不匹配，导致外壳和书芯极易发生分离。为了维护自身的品牌形象，上海译文出版社经过讨论之后，决定对这批书实行召回，并迅速在《中华读书报》中刊登启事：凡购买这批图书的读者，只要存在上述印装问题，可以于 3 月 31 日之前将词典寄回出版社，并注明自己的回信地址和邮编，出版社将免费予以更换。上海译文出版社改换了新一批图书的印装方式，采用新胶水重新胶印，并更换了封面。

据上海译文出版社有关人士介绍，召回启事刊登后收到一定的成效。读者个人寄回出版社要求更换的词典已经有 100 多本，而山东的一些书店和图书销售商也在跟出版社联系，将对这批图书进行批量更换，

① 李鹏．国内首次图书召回见成效［EB/OL］．［2004-02-25］．http：//www. gmw. cn/01ds/2004-02/25/03-B1F21FEE5B8FB67C48256E4500093D2E. htm.

但是尚未出现大规模退货的情况。据估计，除掉上海译文出版社自身的库存，这批图书在流通领域的存量约为 7 000 本，其中约有 3 000 本已经售出。当时选择刊登启事的目的，一方面是面向书店，另一方面也是针对这些散布的个体消费者，尽量减少他们退货的中间环节。从退回比例看，消费者对于图书召回这种形式显然还需要一个适应的过程。但是上海译文出版社此举，无疑在国内的图书出版界带了一个好头。

【分析】 此案例体现了企业对社会的义务。企业必须建立和健全全面质量管理制度，保证产品质量和服务质量，文化产业尤为重要，这关系到文化的传承与发展。

【启示】 上海译文出版社发现问题字典后迅速召回，这是对读者负责、对社会负责的体现。这种做法为国内出版界实行图书召回带了一个好头，出版社有为人民服务、为社会主义服务的义务。上海译文出版社召回图书的举动给出版社带来了一定的经济损失，但却维护了其品牌形象。

第三章　有关代理行为法律规定的案例

出版企业在进行出版物的生产、销售、宣传等市场行为时，会通过代理、合同等手段进行市场竞争，实现出版物从作者到读者的转移。目前我国出版界积极推行图书发行代理制、版权代理制，在出版物生产经营及其他经济活动中广泛采用合同与不同的经济组织打交道。本章案例涉及表见代理、无权代理、代理权的滥用、发行代理和版权代理等内容。

【案例 1】

表见代理合同纠纷案①

【案情】付×系期刊社编辑，职责为稿件采编、约稿，2003 年 11 月 12 日离职。在职期间，付×代表期刊社与章×签订合同，合同载明：甲方章×，乙方××大世界期刊社，代理人付×。双方约定：章×向期刊社提供埃及、英国风光、人物方面内容的图片 59 张，其中反转片 25 张，负片 34 张；期刊社拟定于 2002 年 4 月在《××大世界》期刊上使用上述图片，并应注明作者姓名；期刊社应于 2002 年 5 月前归还章×提供的所有图片，并应注明作者姓名；期刊社应于 2002 年 5 月前向章×支付费用，每张 80 元；未经章×本人授权，期刊社不得以其他任何方式保存、使用或授权第三方保存、使用章×提供的所有图片；鉴于章×照片系国外拍摄，机会难得，成本很高，期刊社应爱护使用妥善保管，如有遗失或严重损坏，应按负片每张 50 元、正片每张 5 000 元赔偿。该合同由章×、付×签名，但未加盖期刊社公章。

合同签订后，章×将 25 张英国风光、人物摄影作品的反转片交与付×。期刊社在 2002 年 4 月下半月的《××大世界》第 126~131 页将

① 北大法宝.《司法案例》案例与裁判文书［EB/OL］. http：//www. pkulaw. cn/cluster_call_form. aspx？ menu_item=case.

上述作品与另一作者李×的摄影作品一同使用，署名为章×、李×，但未对二人各自的作品分别加以注明。

2002 年 5 月 21 日，付×在退还章×作品时，为章×出具了作品被损坏证据，该证据载明：2002 年 4 月《××大世界》所用英国图片均被印刷厂损坏。

2004 年 2 月 13 日，章×向法院提起诉讼。被告期刊社辩称，章×与付×签订的合同对其不发生法律效力，付×没有代理其签订合同的代理权，应由其自行承担责任。

一审法院判定，期刊社应按照协议约定对图片损害的后果承担赔偿责任，由此给期刊社自身造成的损害是其内部管理问题，不能作为拒绝向章×赔偿的理由。

后被告又以付×无权签订著作权许可使用合同为由提出上诉，被二审法院驳回。

【分析】根据我国《合同法》规定，行为人没有代理权、超越代理权或者代理权终止以后以被代理人名义订立合同，相对人有理由相信行为人有代理权的，该代理行为有效。该条规定是我国《合同法》对表见代理合同效力的规定。表见代理制度的设立是为了维护交易安全，保护合同相对人的利益。

此案中，付×曾系期刊社的编辑，其职责为稿件采摘、约稿。付×以期刊社代理人的名义与章×签订的合同，其内容是围绕期刊社对章×的图片使用及损害后果而设立的。此后，付×以期刊社的名义与章×履行了发稿、支付稿酬等行为。从付×身份、职责、合同内容及履行情况看，章×有理由相信付×的行为系代表期刊社履行其职责的行为。章×在合同签订过程中不存在主观过错。根据我国《合同法》关于表见代理的规定，付×与章×所签订合同属合法有效，对期刊社具有法律约束力。章×有权依该合同向期刊社主张其权利，要求期刊社承担合同中规定的义务，期刊社应按照合同约定对图片损害的后果承担赔偿责任。期刊社以付×无权、也未授权或追认其与章×签订合同，该合同应属无效的理由，不能成立。

【启示】在出版活动中，涉及代理的行为主要有两种：一是版权代理，二是图书发行代理。自我国加入 WTO 以来，版权代理开始在国内真正地活跃兴盛起来。图书发行代理制经过十多年的发展，在国内显示出勃勃生机。如何处理好版权代理人与作者之间的代理关系，是解决诸多出版矛盾及纠纷的一大关键。因此，在作者无法独立完成与出版社的接洽与协商，需要代理人来与出版社进行交涉时，就必须妥善处理与代理人之间的代理问题，即时签订授权或委托等合同，通过合法途径维护自己的权益。当遇到无权代理行为时，积极运用法律武器保障自身权益。

【案例2】

中国××广播出版社与北京××文化传播有限公司合作出版合同纠纷案①

【案情】 上诉人中国××广播出版社与被上诉人北京××文化传播有限公司因合作出版合同纠纷一案，不服北京市西城区人民法院（简称一审法院）于2012年11月29日作出的（2012）西民初字第13947号民事判决（简称一审判决），向北京市第一中级人民法院提起上诉。北京市第一中级人民法院于2013年4月公开开庭进行了审理。

2005年5月11日，北京××文化传播有限公司（合同甲方）与中国××广播出版社（合同乙方）就出版发行《小故事大财富》《好父母棒孩子》《学会选择从容放弃》《小幽默大智慧》《破解易经64卦之谜》五种图书签订了一份出版合同，主要内容约定如下：一、甲方授予乙方上述图书的专有出版权5年，并保证享有上述授予乙方的权利，如因出版上述图书侵犯了第三方权利，由甲方承担全部责任。二、乙方负责上述图书的编辑加工、审稿、校对。甲方负责上述图书的排版、封面设计等前期制作工作，并保证乙方获得6万元出版利润。三、上述图书的印制装订由甲、乙双方商定选择资质合格的印刷厂承担，前期制作及印装材料费用都由甲方承担，通过乙方支付相关工厂。第一次印制赠送乙方50册样书，重印赠送乙方5册样书。四、甲方自愿放弃上述图书的稿费，如著作权人是第三方，所有和著作权人有关的费用都由甲方支付，并办理相关手续为本合同附件。五、上述图书出版后，甲方在二渠道发行，乙方在主渠道发行，甲、乙双方须严格遵守。六、乙方在主渠道发行的上述图书，由乙方按3.5折同甲方结账，每次进货后6个月结算。第一次进货不退货，以后进货退货率不超过10%。七、甲、乙双方都可以在事先通知对方的前提下向国外及港台地区转让上述图书的

① http：//caseshare.cn/full/118877016.html.

版权，无论哪方转让，双方都按各50%分配利益。八、甲方同意乙方将上述图书整体或部分由网络出版和数字化使用，并向乙方提供上述图书的电子文档。乙方将网络出版和数字化使用收益的12%支付甲方。

合同签订后，在图书出版中，合同双方对合同中涉案图书书名进行了调整确定，其中，《小故事大财富（全集）》于2006年1月由中国××广播出版社出版、发行；《好父母棒孩子》于2006年2月由中国××广播出版社出版、发行；《学会选择学会放弃（全集）》于2006年5月由中国××广播出版社出版、发行；《小幽默大道理（全集）》于2006年2月由中国××广播出版社出版、发行。上述图书的印刷、装订均由中国某出版社印刷厂完成。

在合同履行中，双方将原约定出版的图书《破解易经64卦之谜》变更为出版图书《戴尔·卡耐基的智慧全集》，于2006年3月由中国××广播出版社出版、发行。

中国××广播出版社提供了"中国××广播出版社已支付北京××文化传播有限公司书款明细"，写明：2007年2月8日，上诉人给付被上诉人3万元；2007年3月29日，上诉人给付被上诉人2万元；2007年7月20日，上诉人给付被上诉人17 307.41元；2007年12月15日，上诉人给付被上诉人10 800元；2008年1月29日，上诉人给付被上诉人2万元；2008年9月10日，上诉人给付被上诉人2万元；2010年3月3日，上诉人给付被上诉人1万元。综上，中国××广播出版社共计已给付北京××文化传播有限公司合同款148 107.41元，尚未支付本金为151 460.46元。

2011年12月12日，北京××文化传播有限公司业务经理汪×带着包括涉本案5套书在内的12本书的对账单找中国××广播出版社办公室主任陆×（陆×于2006年至2007年12月底在中国××广播出版社发行部工作，后来调至中国××广播出版社办公室工作）签字。陆×表示对账单的签名为其本人手书签字，因其当时已经不在中国××广播出版社发行部工作，其本人向汪×明确表示自己已经不干发行了，不能签字了，但最终应汪×的请求，在对账单上签了字。在对账单签字时，其本人没有请示社长。

北京××文化传播有限公司认为，陆×隐瞒了一些事实，对账单背面有字，还有出版社的盖章，说明系用中国××广播出版社的公文废纸背面打印而成；中国××广播出版社则认为，证人陆×证言比较客观，可以证明陆×未经中国××广播出版社授权，其在对账单上签字行为是个人行为，不代表中国××广播出版社。

一审法院认为陆×于2011年12月12日签署对账单的行为属于表见代理合同行为，应承担相应的法律后果。二审法院按照《中华人民共和国民事诉讼法》第170条第1款第1项之规定，维持一审原判。

【分析】 我国《合同法》第49条规定："行为人没有代理权、超越代理权或者代理权终止后以被代理人名义订立合同，相对人有理由相信行为人有代理权的，该代理行为有效。"

陆×在担任中国××广播出版社发行部主任期间与北京××文化传播有限公司曾有过工作接触，在发行部工作期间负责发书、订单、对账后交给财务和其他事务性工作。因此，其在发行部工作期间代表中国××广播出版社履行合同的行为系经授权的职务代理行为。陆×在调任办公室主任后，其在发行部的职务代理权终止。因中国××广播出版社并未就经营人员变动等相关情况以书面形式及时通知其合同相对人北京××文化传播有限公司，故陆×对账、并在对账单上签署"五张对账单核对无误。陆×2011年12月12日"的行为构成表见代理合同行为。北京××文化传播有限公司作为善意相对人有理由相信陆×有代理权；即使陆×的上述行为事先未征得中国××广播出版社法定代表人同意，根据法律规定，北京××文化传播有限公司仍可以向中国××广播出版社主张由陆×承担表见代理合同行为的法律后果。

【启示】 表见代理制度是基于被代理人的过失或被代理人与无权代理人之间存在特殊关系，使相对人有理由相信无权代理人享有代理权而与之为民事法律行为，代理行为的后果由被代理人承担的一种特殊的无权代理。在出版活动中，如果出版社与客户之间信息不通，像案例中没有就经营人员变动的相关情况以书面形式通知合作者，就很容易造成误会导致表见代理。要想避免这种误会，出版社与客户之间应该保持信息通畅，坦诚相待。

【案例3】

储×诉××教育出版社等侵犯著作权纠纷案①

【案情】 原告储×诉被告××教育出版社、××报业集团侵犯著作

① http：//caseshare. cn/full/117457313. html.

权纠纷一案，于2005年8月16日在北京市第一中级人民法院公开开庭进行了审理。

2003年1月31日，原告储×（乙方）（笔名：苛酷）与中国××杂志社（甲方）订立合作协议书，双方约定：（1）2003年2月至2003年12月由乙方负责为甲方出版的《中国大学生》杂志下半月刊《能力博士》进行封面、内文、插图及版面设计制作工作；……（4）乙方为甲方进行版面设计的费用如下：封面设计费（1 000元/P）、内文版面设计费（40元/P）、插图费（40元/幅），甲方应当在每月底支付；（5）甲方应在《中国大学生》杂志下半月刊《能力博士》版权页中刊登创意总监“苛酷”；（6）甲、乙双方明确约定，该版面设计的著作权属乙方所有，甲方在征得乙方同意的情况下拥有使用权。协议书落款有原告储×的签字及中国××杂志社编辑部的印章。

2004年3月，两被告未经原告许可，在共同主办的《东西南北大学生》杂志第18期中使用了原告享有著作权的上述版面设计，两被告的行为侵犯了原告的著作权。

被告××教育出版社认为该社并非《东西南北大学生》杂志的主办单位，不应作为被告参加诉讼。《能力博士》期刊的版式设计权利人应为中国××杂志社而并非原告，被告转载行为属于法定许可使用范畴，原告索赔数额缺乏事实和法律依据，请求驳回原告诉讼请求。

被告××报业集团认为原告并非适格的权利主体，根据其与中国××杂志社签订的合作协议，该协议中所盖印章为“中国××杂志社编辑部”，并非杂志社的公章，原告没有提交杂志社对编辑部授权签订协议以及协议已实际履行的相关证据，因此该协议无效。《能力博士》并未禁止相关出版单位对其刊登的作品进行转载，被告的使用属于转载行为，双方的争议应限于支付费用的范畴。原告主张侵权赔偿数额缺乏相关证据支持，请求法院驳回原告诉讼请求。

依照《中华人民共和国民法通则》第66条第1款、《中华人民共和国合同法》第48条、《中华人民共和国著作权法》第32条第2款之规定，法院判决如下：被告××报业集团、××教育出版社于本判决生效之日起10日内，支付原告储×稿酬1 600元；驳回原告储×的其他诉讼请求。

【分析】我国《民法通则》第66条第1款规定：“没有代理权、超越代理权或者代理权终止后的行为，只有经过被代理人的追认，被代理人才承担民事责任。未经追认的行为，由行为人承担民事责任。本人知道他人以本人名义实施民事行为而不作否认表示的，视为同意。”我国《合同法》第48条规定：“行为人没有代理权、超越代理权或者代理权终止后以被代理人名义订立的合同，未经被代理人追认，对被代理人不发生效力，由行为人承担责任。”

在此案例中，虽然合作协议书中甲方盖章为中国××杂志社编辑部，并非中国××杂志社，原告储×也未提交中国××杂志社授权编辑部订立合同的相关书面授权证据，但根据其提交的《能力博士》样刊表明，中国××杂志社按照合作协议书约定履行了相关义务，其行为应视为对该社编辑部订立合作协议书行为的追认。基于该协议书的约定，原告储×对《能力博士》期刊中的“能力博士资讯”图标享有著作权。

【启示】作者在签订合同前，一定要弄清楚与自己签订合同的人或单位是否有代理权，如果与无权代理的人签订了合同，一定要抓紧时间让被代理人追认，否则不利于自己权益的保护。

【案例4】

徐×与××出版社侵犯著作财产权纠纷上诉案①

【案情】上诉人徐×因与被上诉人××出版社侵犯著作财产权纠纷一案，不服北京市朝阳区人民法院于2008年12月18日作出的（2008）朝民初字第29399号民事判决，向北京市第二中级人民法院提起上诉。北京市第二中级人民法院于2009年4月公开开庭进行了审理。

2000年11月，××出版社和张×曾签订过《全敦煌诗》的图书出版合同。该合同签订后，××出版社曾向张×支付过4.5万元的稿酬。2005年3月，××出版社（乙方）与张×（甲方）又就出版《全敦煌诗》重新签订了图书出版合同。双方约定：甲方将《全敦煌诗》的中文简体版、中文繁体版在中国大陆范围内以图书形式出版的专有使用权授予乙方，有效期为5年；该书首次出版后30日内，乙方向甲方赠送样书20册；乙方支付甲方20万元。2005年5月底前支付6.5万元。双方均确认双方之间的合同关系以该重新签订的合同为准。双方依据该合

① http：//caseshare.cn/full/117614765.html.

同出版了《全敦煌诗》，此前已经支付的4.5万元转为了该合同项下的稿酬。另外，根据该合同，2005年4月、7月，××出版社又分别向张×支付了稿酬3万元、3.4万元。上述三笔稿酬共计10.9万元。

2005年7月13日，张×去世。徐×是张×的妻子，二人生育有二子。

2006年5月，《全敦煌诗》由××出版社出版发行。该书的署名情况为：主编张×，学术顾问周×，副主编伏×、汪×、刘×（特邀）、刘×（特邀）。徐×认可该书的著作权人不止张×一人。

2006年12月1日、2007年1月23日，××出版社分两次向张×赠送了14套《全敦煌诗》，均由张×的妻子徐×领取。

2006年12月至2007年1月，徐×仅收到××出版社赠送的样书14套。至今，××出版社仅支付稿酬10.9万元。所欠6套样书和9.1万元稿酬，经多次催要，××出版社不予履行。

××出版社认为，张×不是《全敦煌诗》的唯一著作权人。虽然是张×一人签订的出版合同，但他同时也代理了其他著作权人，该代理行为的法律后果应当由其他著作权人承担。故该书的稿酬应当归属于该书的全部著作权人；张×去世后，其代理其他著作权人的代理权自然终止，故即使徐×是张×遗产的唯一继承人，她也不能继承该代理权，因此本案中除由张×享有的利益外，其他著作权人应当获得的报酬应由这些著作权人直接行使；《全敦煌诗》的其他著作权人也已经多次直接向该社提出了支付稿酬的要求；该社与张×于2001年8月签订有《全唐诗新编》的图书出版合同，张×根据该合同已经获得了16万元，但并未履行交稿义务，张×应当返还该16万元。在徐×多次索要本案剩余稿酬时，该社已经向其提出应当将该剩余稿酬与张×应当返还的16万元进行抵消。因此，本案存在债务抵消的事实。

原审法院认为：在张×和其他著作权人没有特别约定张×的继承人可代其他著作权人领取稿酬或者其他著作权人没有放弃该稿酬的情况下，××出版社应当支付给所有著作权人的稿酬应由张×的继承人和其他著作权人共同主张。徐×作为张×的妻子，是张×继承人之一，其仅能和张×的其他继承人一起继承属于张×的稿酬部分。原审法院依照《中华人民共和国民事诉讼法》第64条第1款之规定，判决驳回徐×的诉讼请求。

二审法院认定事实清楚，适用法律基本正确，本院予以维持。依照

《中华人民共和国民事诉讼法》第153条第1款第1项、《中华人民共和国民法通则》第69条第3项、《中华人民共和国著作权法》第13条第1款、《中华人民共和国继承法》第3条第6项之规定，判决如下：驳回上诉，维持原判。

【分析】因《全敦煌诗》的著作权人不止张×一人，所以在张×与××出版社签订的图书出版合同中，张×既是该合同的一方当事人之一，同时也是其他著作权人的代理人。在张×去世后，其作为其他著作权人的代理人所享有的代理权自然中止。涉案图书出版合同项下的稿酬应由张×的继承人和其他著作权人共同享有。因此，在张×和其他著作权人没有特别约定张×的继承人可代其他著作权人领取稿酬或者其他著作权人没有放弃该稿酬的情况下，张×的继承人只能在其所继承的遗产范围内主张相应的权利，而不能主张全部稿酬。

【启示】代理权终止后代理行为会失效，此时代理人应该停止行使代理权。案例中的张×去世后，其所享有的代理权自然终止。出版社如遇到案例中的这种情况，要善于利用法律来保护自己的权益。

【案例5】

甲出版社诉北京乙建筑装饰有限公司无权代理纠纷案①

【案情】2014年8月14日，原告甲出版社进行装修，与北京乙建筑装饰有限公司（以下简称乙装饰公司）的设计员刘×到北京市某制冷设备有限公司选购空调。2014年10月16日，原告与乙装饰公司的设计员刘×、曲×签订北京市家庭居室装饰装修工程施工合同，约定：乙装饰公司为原告进行装修，工程期限45天，自2014年10月18日至2014年12月2日，工程造价34 400元，开工前3日付款20 700元，工程进度过半付款12 100元，工程验收合格付款1 600元。合同签订的同时，刘×、曲×将与合同工程款34 400元相对应的工程报价单及施工图纸交与原告。同时，在合同之外刘×、曲×又提交原告一份标价为50 088元的工程报价单，其主要内容是为原告安装中央空调。在该报价

① http：//www.pkulaw.cn/case/pfnl_117627875.html？keywords=%E6%97%A0%E6%9D%83%E4%BB%A3%E7%90%86&match=Exact.

单的落款处写明："材料代购，收款人刘×、曲×"。

2014年10月16日、12月19日、12月20日，原告依据合同约定先后交付刘×、曲×工程款34 400元。刘×、曲×将工程款交至乙装饰公司，乙装饰公司为原告出具了收款收据。2014年10月18日，乙装饰公司依合同进场施工，12月18日竣工。原告与乙装饰公司签订工程保修单，保修期限为1年。

另查明，在施工期间北京市某制冷设备有限公司为原告安装了中央空调。原告分别于2014年10月16日、11月14日和2015年1月12日给付刘×、曲×装修材料首付款39 300元、中期款20 000元、尾款13 729元，共计73 029元，刘×、曲×先后以个人名义为原告出具了收款条3张。2015年4月，刘×、曲×离开乙装饰公司。

2015年10月，原告以乙装饰公司为其安装的中央空调制冷、制热效果较差，达不到空调使用的目的为由诉至法院，要求乙装饰公司为其重新安装中央空调，并对拆装过程中必然发生的墙面破损负责恢复原状。乙装饰公司辩称：其只是给原告装修房屋，未给其安装中央空调，给原告安装中央空调系其单位设计员刘×、曲×的个人行为，其对此不承担法律责任。

法院经审理后驳回了原告的诉讼请求。

【分析】代理人与被代理人之间虽有代理关系，但代理人只有在代理权限内才有代理人的资格。代理人擅自超越代理权的行为，其超越部分，属于无权代理行为。我国《民法通则》第66条第1款规定："没有代理权、超越代理权或者代理权终止后的行为，只有经过被代理人的追认，被代理人才承担民事责任。未经追认的行为，由行为人承担民事责任。本人知道他人以本人名义实施民事行为而不作否认表示的，视为同意。"我国《合同法》第48条规定："行为人没有代理权、超越代理权或者代理权终止后以被代理人名义订立的合同，未经被代理人追认，对被代理人不发生效力，由行为人承担责任。"所谓追认，是指被代理人对无权代理行为，事后予以承认的单方法律行为。

乙装饰公司委托刘×、曲×代理乙装饰公司与甲出版社签订家庭居室装饰装修合同，工程造价为34 400元，该合同系刘×、曲×在代理权范围内与原告签订的合法有效合同。故乙装饰公司依法应对刘×、曲×代理权限内签订的与合同有关的工程承担法律责任。对于合同之外，刘×、曲×擅自给甲出版社安装中央空调，未经乙装饰公司授权委托，事后也未经乙装饰公司追认，刘×、曲×的行为属超越代理权，乙装饰公司依法不应承担法律责任。

【启示】出版社在签订协议或合同时，一定要调查清楚与自己签订合同的人的背景，看其是否具有代理权，如果与之签订协议的人属无权代理，出版社会遭受意想不到的损失，且不利于维权。此案例中，因为刘×、曲×属于无权代理，乙装饰公司不承担法律责任，只能让甲出版社独自吃亏。

【案例 6】

代理权滥用纠纷案

【案情】湖南甲书店委托北京乙书刊发行公司（以下简称乙公司）购买《少儿英语》和《少儿书画速成》各500套。乙公司接受委托后，便以甲书店名义与自己代理的浙江丙出版社签订了购买《少儿英语》500套的合同，与本公司下属书店签订了购买《少儿书画速成》500套的合同，而后又以甲书店名义与丁出版社签订合同，购买《少儿折纸》500套。丙、丁两出版社依约发货，甲书店收到丙出版社《少儿英语》后，认为内容简单，印刷质量有问题，未付款要求退货；收到丁出版社《少儿折纸》后，认为需要即按合同付款；对《少儿书画速成》，因市场发生变化，这方面的图书滞销，甲书店向乙公司下属书店提出退货。各方当事人协商不成，诉到法院。

【分析】代理权的滥用是指违背代理权的设定宗旨和代理行为的基本准则，有损被代理人利益的行为。代理权的滥用有三种表现：代理人代理他人与自己为法律行为；代理人同时代理双方为同一法律行为；代理人和第三人恶意串通。

在此案例中，乙公司以甲书店名义与自己代理的浙江丙出版社签订购买《少儿英语》500套的合同，属于代理人同时代理双方为同一法律行为。乙公司以甲书店名义与本公司下属书店签订购买《少儿书画速成》500套的合同，属于代理人代理他人与自己为法律行为。这两种代理行为都属于代理权的滥用。我国《民法通则》第66条第3款规定：“代理人和第三人串通、损害被代理人的利益的，由代理人和第三人负连带责任。”由于《少儿英语》质量有问题，《少儿书画速成》滞销，没能满足甲书店的需求，甲书店有权要求退货。乙公司以甲书店的名义与丁出版社签订合同购买《少儿折纸》500 套。但甲书店并没有委托乙公司购买《少儿折纸》，属于代理人超越代理权限。我国《民法通则》第 66 条规定："没有代理权、超越代理权或者代理权终止后的行为，只有经过被代理人的追认，被代理人才承担民事责任。未经追认的行为，由行为人承担民事责任。"甲书店收到丁出版社的《少儿折纸》后，认为需要即按合同付款，对代理权进行了追认，所以代理有效。

【启示】甲书店与丙出版社选择乙公司作为代理人是出于对乙公司的信任，而乙公司为了省事，直接以甲书店的名义与其下属书店及丙出版社签订协议，对其代理权进行了滥用，没能较好地维护甲书店的权益。出版社在进行图书发行的时候不可避免地需要发行公司进行代理发行，出版社所选择的代理公司的好坏直接关系着图书的销量。因此，在选择代理时一定要慎重，避免因选择代理失误而带来不必要的麻烦。

【案例 7】

版权引进：外语教学与研究出版社

【案情】外语教学与研究出版社由北京外国语大学于 1979 年创办，2010 年完成企业改制，更名为"外语教学与研究出版社有限责任公司"(简称外研社)，是一家以外语出版为特色，涵盖全学科出版、汉语出版、科学出版、少儿出版等领域的综合性教育出版集团，也是全国规模最大的大学出版社、最大的外语出版机构，并正在实现从出版向综合教育服务提供的转型。每年出版的 5 000 多种图书期刊中，有新书 1 000 余种，重印书 4 000 多种，其中许多产品获得国际和国内优秀图书奖。外研社图书已成为广大学习者心目中的经典品牌。①

外语教学与研究出版社为广大英语学习者引进了众多优秀的英语学习资料，其中以《新概念英语》最为成功，影响尤为深远。

1990 年，外研社深具版权意识的李朋义第一次向朗文公司申请引进《新概念英语》版权。1992 年，中国加入世界版权公约和伯尔尼公约组织，而李朋义也恰恰在这一年任外研社社长，他再次提出引进版权的申请。到 1995 年，外研社已成长为外语图书出版的实力大社，李朋

① http：//www. fltrp. com/aboutus/430860. shtml.

义多次拜会朗文亚洲董事长沈维贤先生，提出了修订《新概念英语》的新设想，并通过亚洲公司力邀亚历山大先生来华考察，进行学术访问。

同年11月，亚历山大来中国访问，临别时他留给李朋义一句话，他期待再次来中国参加新版《新概念英语》的首发式。数月后，李朋义飞赴英国登门组稿。作为著作权人，亚历山大慨然应允为中国读者修订《新概念英语》，并接受建议，从李朋义推荐的诸多中方学者中，选择了曾给他留下良好印象的何其莘教授作为《新概念英语》（新版）的合作者。随后，外研社与朗文亚洲出版公司分别指定先后两批资深编辑出任该书责任编辑，从一开始便参与投入了修订工作。终于在不到两年的时间内，外研社与亚洲朗文顺利联合出版了这套八册的《新概念英语》（新版）教材与教师用书。

八年的历程，终于让《新概念英语》成为名副其实的“新概念”英语——“中国人”的英语。外研社为《新概念英语》等知名产品，探索出“高投入、大产出”的营销模式，从新版《新概念英语》出版的那一年开始，就在各大媒体刊登大幅广告，进行高密度的市场宣传，巨大的投入对《新概念英语》系列图书的持续热销起到关键作用。①其成功策略为：

1. 找准定位，成功引进

外语教学与研究出版社始终能够找准自身定位，致力于外语教学与研究，所引进书籍大多为英语学习书籍，能够满足市场需求。例如2001年引进的《新标准英语》（包括幼儿园、中小学英语和大学英语），是真正意义上的“一条龙”英语。2009年引进英语培训领域的王牌产品《剑桥国际儿童英语 Play Way to English》和《剑桥国际少儿英语 Kid's Box》。“书虫”是外研社和牛津大学出版社联合出版的一套英汉双语分级读物，囊括了世界优秀文学名著的简写读本和原创作品。书虫有严格、科学的阅读分级体系，按照阅读水平分为入门级到六级共7级体系，对应小学、高年级至大学，现总计102册图书。

2. 积极与国外出版社进行合作

外语教学与研究出版社以北京外国语大学为依托，与外国出版商积

① http：//www.bkpcn.com/Web/ArticleShow.aspx？artid=051940&cateid=B0401.

极合作一同探索教材出版。《牛津·外研社英汉汉英词典》是首部由中英两国出版社合作编写的词典，收录单词、短语及翻译67万条，是迄今为止规模最大的英汉汉英词典。《外研社·柯林斯英汉汉英词典》由外研社和英国柯林斯出版公司合作出版，英语词条由以英语为母语的英国词典专家编写完成；中文词条则由中国社会科学院语言研究所专家在计算机词频统计的基础上编辑遴选出来，同时使用了世界上最大的语料库——柯林斯 Word Web 语料库，保障了词典的精准、真实和时代感，通过中外的合作来形成差异化的产品。① 外研社2014年版权引进1 407种（包括委托编写386种），现有500多家国际合作伙伴。

【案例8】

版权引进：人民文学出版社

【案情】人民文学出版社1951年3月成立于北京，系国家级专业文学出版机构，设有当代文学、现代文学、古典文学、外国文学、文化读物、教材出版中心、少儿读物编辑室等9个图书编辑室以及《当代》《新文学史料》《中华文学选刊》《中华散文》和《文学故事报》5个文学报刊编辑部。人民文学出版社60多年来已出版中国当代文学作品、现代文学史上影响最大的文学作品、优秀古典文学作品、外国文学古典名著和现当代有代表性的作品的中译本（其中部分图书以外国文学出版社副牌出版）以及文学理论、高校文科教材、人文科学著作等图书8 000多种，发行7亿多册。其十分注重对外文化交流，已与40多家海外出版机构建立了业务联系，翻译出版了80多个国家和地区的重要作家的作品3 000余种。

“哈利·波特系列”共7部，均已由人民文学出版社出版发行中文简体版，分别是《哈利·波特与魔法石》（2000）、《哈利·波特与密室》（2000）、《哈利·波特与阿兹卡班的囚徒》（2000）、《哈利·波特与火焰杯》（2002）、《哈利·波特与凤凰社》（2003）、《哈利·波特与“混血王子”》（2005）、《哈利·波特与死亡圣器》（2007）。

1999年10月，人民文学出版社正在重建少儿编辑室。当时，“哈利·波特系列”的前三部已长期占据欧美畅销书排行榜的首位。人民

① http：//www. cnepaper. com/zgtssb/html/2014-12/30/content_55_1. htm.

文学出版社在了解了“哈利·波特系列”的主要内容后，正式向英国布鲁姆斯伯里出版公司（Bloomsbury，“哈利·波特系列”的出版商）表达了购买其中文版权的意向。

2000年2月，布鲁姆斯伯里出版公司回复表示，“哈利·波特系列”的版权代理人是克里斯托弗·利特尔（Christopher Little）版权代理公司，希望人民文学出版社与版权代理公司联系，并告知其该公司的E-mail地址和传真号码。在与版权代理公司联系后的几个月内，人民文学出版社又通过各种渠道进一步了解“哈利·波特系列”的具体内容，并且由此坚定了购买其中文简体版权的决心。

2000年4月，克里斯托弗·利特尔版权代理公司代理人表示，有意了解人民文学出版社的历史、人员状况、出书情况，特别是外国文学的出版情况。于是，人民文学出版社立即将10余页的出版社英文介绍和20余页的出版书目（英文）寄给对方。

2000年6月，英国版权代理公司方面表达合作意向，并希望出版社与其电话联系。在电话联系取得进一步信任后，双方开始正式进入版权引进的实质性商讨阶段。在研究过对方提供的世界各国购买“哈利·波特系列”的详细资料及其出版以来所获的各种奖项后，双方在版税、预付金、译文等合作细节达成一致。2000年7月底，人民文学出版社收到J. K.罗琳通过代理人寄来的版权合同。最后，人民文学出版社在合同中承诺2000年10月一并推出“哈利·波特系列”前3部。直至2007年10月，人民文学出版社将7部“哈利·波特系列”全部出齐。

【分析】近些年来，人民文学出版社在版权贸易方面取得了积极的进展。2000年，人民文学出版社出版授权42项，版权引进29项。2002年人民文学出版社的《大宅门》《哈利·波特》分别获得中国出版科学研究所与出版参考期刊社联合举办的2001年度输出优秀图书奖和2001年度引进畅销书奖。

人民文学出版社在版权贸易方面的思路是突出主业，双向交流，依托品牌，开拓创新，以我为主，为我所用，关注市场，力求双效①。

---

① 新浪网．人民文学出版社社长刘玉山谈版权贸易［EB/OL］．［2008-04-29］．http：//tech. sina. com. cn/other/2003-04-23/1519180540. shtml.

1. 突出主业，双向交流

突出主业，即沿袭传统，突出文学类出版物。21 世纪以来，在版权贸易中，关注少儿文学读物，也是出于这样一个理念。少儿文学的引进，不仅增加了文学类读者，也优化了整体出版结构，同时也为出版社赢得了客观的经济效益。虽然人民文学出版社少儿文学的出版历史不长，但是已经有很大的成果。例如，在少儿文学版权引进上，除了“哈利·波特系列”外，其他一些引进版图书也受到了欢迎。同时，人民文学出版社也高度重视优秀外国作品的引进，特别是优秀的当代外国文学作品。

版权输出方面，人民文学出版社近年来也做了大量的工作。不仅注重旧资源的开发，同时也注意挖掘新版图书的潜力，使其不断在国内图书市场走红，也能够在海外得到读者的认可。

例如著名作家阿来的获奖图书《尘埃落定》1993 年被输出到加拿大、日本以及中国香港地区和台湾地区。近年来一些畅销书，如《长江之水》输出到韩国，《大宅门》等图书版权也分别被中国台湾地区或香港地区的出版商获得。与畅销图书获得的利润相比，出售版权的收益可能无法同日而语，但是，人民文学出版社立志向世界传播优秀中国文化，在版权输出工作上继续努力。

2. 依托品牌，开拓创新

在版权贸易中，品牌的意义不可估量。出版企业的历史、业绩、信誉，都是版权合作方首先考虑的因素。人民文学出版社长期致力于出版中外经典名著，以传播世界各国优秀文化为己任，在出版社中树立了良好的形象。在版权贸易中，人民文学出版社努力将这种多年来苦心经营的品牌转化为优势。

随着版权贸易不断深入和成熟，版权贸易的竞争，更多的是价格、双方定位、诚信度等综合因素的竞争，从人民文学出版社成功引进“哈利·波特系列”版权可见一斑。“哈利·波特系列”的作者及版权代理公司均表示，希望与文学品牌出版社合作。由此，人民文学出版社作为国内文学的顶级品牌社，才能够在“哈利·波特系列”版权竞争中脱颖而出。并且，由于“哈利·波特系列”中文版的成功，使得不少国外出版公司对人民文学出版社的兴趣大增，开始主动寻求合作。

3. 以我为主，为我所用

如何引进外国文化和文学作品，这是文学出版社面临的一个重要课题。目前，不少出版社想引进图书，是为了新的利润增长点，多将目光放在畅销书排行榜上。实际上在国外畅销的图书，在国内往往未必畅销，也不一定适合中国人的口味。所以，人民文学出版社决定改变思路，以我为主，为我所用，打造自己的外国品牌。21 世纪初，人民文学出版社启动了“21 世纪年度最佳外国小说”评选活动，邀请外国文学学会和各语种文学研究会专家组成专家评论组，从各国 2001 年度首次出版的畅销小说中投票选出年度最佳长篇小说。随后，人民文学出版社出版了《二十一世纪年度最佳外国小说》丛书。

随后几年，人民文学出版社每年都推出包括英、美、法、德、俄等国的小说丛书，得到专家的好评和欢迎，开启了中国人给外国当代文学作品评奖的先河。

4. 关注市场，力求双效

在版权贸易中，人民文学出版社根据引进图书本身的特点，利用现代化的营销手段，打造畅销图书。2002 年，人民文学出版社成功引进了“星球大战”系列图书。人民文学出版社趁着电影的热映刮起的改编小说热潮，迅速购得其版权，一个月内完成图书的翻译，与电影同步推出了系列图书，掀起了星球大战图书的热潮。同时，人民文学出版社在营销手段上，也采取新的手段，例如召开读书会、在地铁内进行宣传等，符合世界图书市场潮流，运用市场化操作引进版权图书。

人民文学出版社努力尝试在版权贸易中与国际接轨，在同一品牌下进行衍生品种的开发。在国际图书市场上，出版商不仅出版图书，更突出图书多元化的开发。通过拓宽渠道，形成效益最大化。很多优秀的图书，不仅仅是单一的品种，而是可以不断深化，衍生出多个品种。人民文学出版社在营销“哈利·波特系列”的时候也有过尝试，他们专门成立了哈利·波特工作室，开发了画片、立体画册等形象的图书。一方面保证了哈利·波特品牌的独一性，另一方面对原有的销售也是一个有利的促进。

【启示】在出版业比较发达的欧美国家，作者权利的实现以及国际版权贸易的进行，一般是通过版权代理机构或版权经纪人来实现的。西方出版界的版权代理及经纪行业已经比较成熟，近年来，随着我国出版市场的发展，各出版社也愈加重视版权的引进与输出，人民文学出版社在版权贸易方面的成功经验值得借鉴。

第四章　有关出版合同法律规定的案例

按照我国相关出版政策法规的规定，只有将个人出版权让渡给合法的出版者，使之与合法的出版资质相结合，才能形成完全合法的出版物。出版合同的签订，就是这种让渡过程中对双方各自权利和义务的事前规范。在出版活动中，出版合同是维护出版者和著作权人双方权益的依据，是一种重要的出版民事行为，对于保障双方在出版活动中行使各项权利，约束双方在出版过程中执行各项义务具有十分显著的作用。出版合同作为民事合同中相对独立的一种，在我国现行法律中尚未对其进行明确的规定。近年来，在出版合同的订立、出版合同实际履行中出现的纠纷比比皆是，本章介绍的案例涉及出版合同的签订与补充协议，出版合同的实际全面履行，以及在数字时代电子版权、信息网络传播权的约定和归属。

【案例 1】

作家张×与××文化公司出版合同纠纷案

【案情】2016 年 1 月 27 日，作家张×在网上发布了一篇题为《我和著名出版商 L 先生之间的故事》的文章，指出自己的图书《大明王朝的七张面孔》再版期间，与××文化公司之间产生的合同纠纷与争议，其中包括使用未经作者同意的封面、虚假签名、曲解印量、拖欠及模糊版税条约等。之后××文化公司也发表法务声明，贴出双方出版合同及法律协议，否认张×的指控，并表示要通过法律途径解决相关纠纷。

2012 年 8 月 8 日，××文化公司与张×就出版《大明王朝的七张面孔》签订合同，合同约定：吴×作为该项目负责人，与张×直接联系；××文化公司向张×支付许可费，计算公式为定价×发行册数×10%；首印数为 5 万册，出版后 3 年内××文化公司应累计支付保底版税 9 万册。2013 年 3 月 1 日，双方签署补充协议，约定将图书分为两册，分别以《大明王朝的七张面孔：朱元璋》和《大明王朝的七张面孔：终结篇》出版，并明确写道：本补充协议中未涉及的原协议其他条款保持不变。

争议焦点一：双方在合同中明确封面装帧设计方案必须经过作者同意，结果最终设计的方案作者多次反对仍进厂印刷；争议焦点二：最终出版图书上作者的签名来源于网络，并非作者本人所签；争议焦点三：图书出版前临时变为上、下两册出版，双方约定版税分两次结清，但结算时××文化公司只按照9万册支付版税。

【分析】 整个出版过程中，双方发现与最初商定的细节有出入时都没有深入讨论，进一步全面敲定，无疑为后续的纠纷埋下隐患。双方首次签订合同时未约定将作品分拆成上下册，后经过协商达成一致并新增了一份补充协议，其中包括关于作品修改为上下册的相关内容。既然补充协议已经考虑了作品版式的问题，相关人员理应检查原合同中关于这部分的内容，并在补充条约中加以完善，但是没有任何一方愿意承担责任。出版物临时修改版式、定价等情况，会影响最终结算，这是出版人都应具备的常识，××文化公司的法务在其间有故意失察或失职的嫌疑。同时作者在签订合同之前也应该找律师咨询相关合同，用法律和合同来相互约束。

【启示】 出版合同的签订，对出版商和作者双方来讲，既是约束亦是保护，在合同的履行中，应当遵守全面履行原则，即合同当事人必须按照合同约定的标的以及数量、质量、价格或者报酬、履行期限、地点、方式等要求，全面完成合同义务。除此之外，一些未能在合同中穷尽的注意事项，也应该遵守行业内相关的规定。该案件中双方的矛盾点暴露出现阶段中国出版市场上常见的版税支付、中途修订合同等问题。出版商和作者双方都应该重视合同的签订和履行过程中的细节问题，从作者自身出发，在签订合同时首先应注意一些决定性条款的内容是否清晰：作品的交稿时间，最终出版时间，导致不能出版的各类不可抗力，如果不能出版双方如何承担损失，后续退稿或者赔偿等，都应该在合同约定中确认清楚。出版作为一种商业行为，在签订合同时，无论是作者还是出版商，都应采取专业的态度，对彼此双方负责。任何一次出版行为的具体落实都是出版商与作者竞争、谈判、妥协的结果，纵观我国出版行业，作者与出版商之间的利润分割应通过更加明确的合同形式，确立双方协议并严格遵守协议规定的事项，形成清晰的行业惯例。

【案例 2】

作家贾×作品《古炉》数字版权纠纷案

【案情】2011 年 1 月 10 日，作家贾×《古炉》新书发布，同时也引发了关于电子版权归属的争议。

2011 年新年伊始，在北京图书订货会上，××文学出版社隆重推出了贾×的新作《古炉》，但出版社没有料到的是，就在同一天××网也推出了《古炉》的电子版，读者只需付 8 元钱就可阅读全书。××文学出版社与××网都声称自己拥有《古炉》的数字版权。

××文学出版社在 1 月 10 日晚发出版权声明，称××文学出版社于 2008 年 12 月与贾×签订《古炉》图书出版合同，约定××文学出版社拥有《古炉》中文专有出版权，并在合同有效期内拥有该作品的数字化制品及网络版的版权，并称："自合同签署之日起，我社迄今未将数字化制品及网络版的版权授予任何公司或个人。因此，任何公司或个人未经我社授权擅自将《古炉》电子版公布，或因此行为获得经济利益，都是侵犯我社的合法权益的行为，对此，我社将依法维护自己的合法权益。"××文学出版社此后发现，广州××网计算机系统有限公司北京分公司、广州××网计算机系统有限公司无视其要求停止侵权行为的致函，擅自在其读书频道发布公告，并推出《古炉》全文电子版。

××文学出版社认为××网读书频道的行为严重侵犯了其合法权益，给其造成了巨大损失，故诉至法院要求广州××网计算机系统有限公司北京分公司、广州××网计算机系统有限公司立即停止侵权，公开赔礼道歉，并赔偿原告经济损失人民币 200 万元。

××网也发表正式声明称："××网在与贾×签署《作品数字化版权独家使用协议》之前，向贾×确认过《古炉》的数字版权，贾×明确表示，数字版权在自己手中，并未售出。"××网读书频道对《古炉》进行首发连载是根据贾×本人书面授权的协议，在协议约定范围内享有这部作品独家信息网络传播权，并不侵犯××文学出版社对于纸版图书所拥有的出版者权。

【分析】"《古炉》事件"让电子版权和纸质版权的"分离"成为争议的焦点。电子版权和实体出版权，包括它的实体改编权是附属在一个作品上的不同的权利，著作权人可以将作品的纸质版权和电子版权分别授予不同的出版商，但是在签订合同时必须明确认定。作者将电子书版权与纸质书版权分开出售，并不违法，而是作者与电商之间的自由交易。市场经济应该保护自由交易的权利，而不是随意动用行政力量进行干预。市场的规律是优胜劣汰，如果读者爱看电子书，保护与救济传统出版社不是长久之计，不如交给市场，自行淘汰。

【启示】 对出版行业来说，出版合同是出版权的来源，做好出版合同的审核管理可以有效避免著作权法律风险，否则容易陷入互联网下的版权纠结。实际工作中订立的出版合同内容，包括作品名称、字数、交稿时间，著作权人授权范围，稿酬的支付方式，合同的有效期限等，如果这些重要项目未予明确注明则会影响到合同的执行，甚至合同的无效，因此在签订合同时，双方一定要就其中约定的内容逐项进行认真的估算，使其大致接近实际状况，保证合同的有效履行。在数字出版时代，出版合同中应该有明确的条款涉及电子版权的归属问题，并且在签订合同之前与作者沟通，积极争取作品的信息网络传播的专有权利。在签订出版合同时，出版社应该清楚作者授予了哪些权利，也有义务让作者明确其权利义务，减少纠纷。

同时，电子版权、纸质书版权是分离还是捆绑，更多地取决于作者与出版方的博弈、谈判，当然还涉及不同出版方之间的博弈、谈判。有名气的作者、质量好的书稿、有实力的出版方，势必在博弈中占据主动。传统出版社、数字出版商以及众多写作者，不仅要从中窥见数字出版与传统出版之间的博弈，更要增强自身的优势，寻找发展的空间。传统出版社要积极应对数字出版的挑战，注重人才队伍的培养和建设，在自身发展的同时，积极与数字出版行业中的领军企业进行合作，努力发展自身的数字出版业务。

【案例 3】

因出版合同纠纷作家辛×被判赔违约金 50 万元案

【案情】 2014 年 3 月 5 日，南宁市中级法院开庭审理作家辛×与北京甲、乙文化有限责任公司（以下简称甲、乙公司）之间出版合同纠纷案。法院对该案作出一审判决，辛×需支付违约金 50 万元。判决后，辛×不服，向广西壮族自治区高级法院提起上诉。

2007 年 6 月 3 日，甲公司与辛×签订出版合作协议，双方就辛×自 2007 年 5 月 25 日至 2012 年 5 月 24 日期间所著的作品合作出版事宜达成协议。2011 年 3 月 11 日，甲公司、乙公司与辛X签订了一份补充协议，约定甲公司与辛X签订的出版合作协议书于 2011 年 6 月 30 日终止，双方均不再受该协议约束，也不对对方承担任何责任；辛X新创作的作品，在同等出版合作条件下，乙公司有优先签约的权利；辛X如违反本补充协议，应向乙公司支付违约金 50 万元；甲公司或乙公司违反本补充协议的，应向辛X支付违约金 50 万元。

补充协议签订后，辛X新创作了作品《蚀心者》，并就该作品于 2012 年 4 月 10 日与丙公司签订《著作权许可使用合同》，授权该公司出版发行该作品。《蚀心者》一书于 2013 年 1 月第一次印刷出版发行。乙公司发现辛X新创作的作品《蚀心者》一书出版发行后，遂与其协商，未果，故一纸诉状，将其起诉至南宁市中级法院。

日前，南宁市中级法院作出一审判决。法院一审认为，辛X与甲公司、乙公司签订的补充协议是三方当事人的真实意思表示，且不违反法律、行政法规的强制性规定，合法有效，对三方当事人均具有法律约束力。三方在依照合同的约定享有权利的同时，也应当依照合同的约定，全面履行相应的义务。

在本案中，享有优先签约权的主体为乙公司而非甲公司。辛X于 2012 年 4 月 10 日与丙公司签订著作权许可使用合同之前或之时，其并未将丙公司给予其《蚀心者》一书的出版条件告知乙公司，而辛X作为该协议一方，有义务告知乙公司另一方给出的条件是什么，这是乙公司行使优先权的前提。辛X没有告知乙公司，致使乙公司丧失了与丙公司就涉案作品《蚀心者》相互竞价的权利，也从而导致乙公司丧失了优先签约权的基础，辛X的行为构成侵害乙公司优先签约权。故判决辛X支付北京乙文化有限责任公司违约金 50 万元，并驳回北京甲文化有限责任公司和北京乙文化有限责任公司的其他诉讼请求。

一审判决后，辛X不服，已向自治区高级法院提起上诉。

【分析】优先续约权，首先是原合同方享有的一种约定权利，在与第三方的同等条件下，原合同方可以选择优先与资源方续约，也可以放弃优先与资源方续约，也就是说这是可选择的一种约定权利。因此如果在合同中有所约定，则合同双方都应尊重和切实履行合同条款。根据双方签订的补充协议，对于辛X创作的新作品，在同等出版合作条件下，乙公司有优先签约的权利。《蚀心者》是辛X创作的新作品，其在出版中并未履行这一条款，已经构成了违约。

【启示】通常情况下，合同双方均能认同合同一方享有优先续约权是原合同赋予该合同方的权利，只要该约定不损害社会公共利益、不扰乱社会经济秩序，合同一方这种优先权的享有合法有效。优先续约权的具体行使方式尚无法律法规可直接依循，其行使应该严格按照合同的约定进行，合同约定不明确的，应该遵循诚实信用原则，并根据合同双方签订合同的性质、目的和交易习惯，参照法律和行政法规对类似行为的相关规定予以确定。出版实践中，因为优先续约权履行问题产生的纠纷并不鲜见，此前龙应台与三联书店的合同纠纷中就提及"优先续约权"，三联书店称当初签订的合约中写明合约到期后，三联方面有优先续约权，但是龙应台并未守约而是将作品的出版权授予广西师范大学出版社。出版合同的格式条款中，大多标明出版方在合同到期后具有优先续约权，因此在合同履行中，作者应尊重出版方的优先续约权。

【案例4】

作家蒋×诉北京××文化有限责任公司著作权许可合同纠纷案

【案情】2011年3月，原告蒋×与本案被告北京××文化有限责任公司（以下简称××公司）签订补充协议，合同约定双方此前就《致我们终将逝去的青春》《原来你还在这里》等作品签订的一系列著作权许可使用的若干合同及相关授权委托书自2011年6月30日终止，自终止之日起，××公司不得再继续加印上述作品。另外，合同还约定，如××公司违反本补充协议，则向蒋×支付违约金人民币50万元。后蒋×认为，××公司违反补充协议约定，在合同约定终止日后，继续印刷、装订上述作品，给作者造成巨大损失。

2012年，作家蒋×将××公司起诉至北京市大兴区法院，其起诉称，××公司违反补充协议约定，加印《致我们终将逝去的青春》《原来你还在这里》《山月不知心底事》《许我向你看》《许我向你看终结篇》《我在回忆里等你》6部作品。蒋×请求法院判令××公司销毁违约加印图书，并支付违约金50万元。

法庭上，××公司承认有6万册《致我们终将逝去的青春》的印制，但辩称这批书是在6月30日前开的印刷单据，故不应被当成是"违法加印"，后更狡辩印厂的装订行为不属于"加印"的范畴，因为该书的“印刷工作”已经结束。对此，法院不予认可。

最终，各项证据表明，《致我们终将逝去的青春》一书确在6月30日后还在继续加印，且最终在7月4~5日才完成全部印刷装订作业，已构成明显违约。对于××公司辩称的“装订”不属于“加印”之范畴，法院不予认可，认为“装订”作为制作图书的必要环节，是“印刷”过程中不可或缺的一个组成部分。故综合各项证据，依法认定××公司违法、侵权事实属实，判决××公司支付蒋×违约金50万元，并承担原告8 800元审理费用。

该案件最终经法院主持调解，双方达成协议，内容包括××公司不得以任何形式复制、发行《致我们终将逝去的青春》《原来你还在这里》《山月不知心底事》《许我向你看》《许我向你看终结篇》《我在回忆里等你》6本书；××公司支付蒋×20万元补偿金等。

【分析】图书出版合同的有效期是图书出版合同的主要条款之一。《合同法》第46条规定：“当事人对合同的效力可以约定附期限。附生效期限的合同，自期限届至时生效。附终止期限的合同，自期限届满时失效。”因此，当出版者与著作权人签订的图书出版合同的期限届满后，这份具有许可出版者使用作品的合同效力即不复存在，出版者的使用权同时丧失。从出版权的概念上看，出版包括编辑加工、复制、发行三个环节，它们构成出版的整体概念，著作权人授予出版者的出版权就包含了复制许可、发行许可、出版许可，终止意味着每一项权利均终止。出版社在图书出版合同规定期限之外对图书印刷加工，即可视为侵犯了作者权利。

【启示】签订出版合同的双方都应该充分重视合同的内容、合同履行方式以及合同的期限，出版社应当明确作者授予其权利的期限和内容，尊重作者的权利，在合同有效期内行使各项出版权。一旦合同期限届满，出版社应当或积极联系作者续约，或尊重合同规定停止各项活动。

【案例5】

××出版社授权超期仍网上卖书被判侵权案

【案情】2010年，盛×与××出版社签订图书出版合同，双方约定：合同有效期内，盛×授予××出版社在中国以图书形式出版盛×作品中文文本的专有使用权（含信息网络传播权）；盛×全权委托××出版社办理该作品的版权转让事宜。双方约定合同自签字之日起生效，有效期为5年。

5年后，上述图书出版合同到期，××出版社并没有与盛×签订新的出版合同，却仍通过某电子商务网站销售盛×作品的电子版图书，并因此获利。为此，盛×将××出版社告上法院。

法院经过审理认为，××出版社在合同到期后仍通过网站销售电子版图书，构成侵权。

【分析】出版者的权利属于我国著作权法中的邻接权，区别于作者享有的著作权。它依托于作者的著作权，又独立于作者的权利之外。作者创作作品是产生出版者权利的前提，一旦获得作者的专有出版权授权，该项权利可单独受到法律的保护，他人不得出版该作品。

【启示】互联网时代，人们的阅读习惯从纸媒逐渐转移到了网络平台，这一改变极大地冲击了传统出版行业，也带来了各项著作权权利义务在互联网环境下的重新调整。由于出版者的权利来源于作者授权，因此出版者与作者签订的授权合同，是出版者权利的全部来源。超出合同范围的使用，则构成侵权。因此出版者应当做好合同的管理工作，保证其专有出版权在合同有效期限内。作者如发现出版社的行为侵害自身权益，也应及时与出版社交涉，维护自身权益。

【案例6】

××出版社据普通许可协议起诉被驳回案

【案情】2016年，作家杨×在其新作完成后与××出版社签订了图书出版合同，约定在合同有效期内，杨×将其作品的专有出版权授予××出版社，××出版社在此有效期内有权将著作以各种形式出版。同时，合同还约定杨×授权××出版社许可第三方出版、发行所涉作品的电子版。

合同有效期内，××出版社发现一家网络公司以电子和网络形式向用户提供包括杨×图书在内的图书发行、借阅、展示等各项服务，包括信息网络传播权，制作、复制和销售电子出版物等。××出版社认为该网络公司侵犯了上述图书出版合同中作者授权其行使的权利，将该网络公司告上法庭。法院在审理后认定，图书出版合同并未约定××出版社获得信息网络传播权的独占许可，因此其不能以自己的名义单独就侵权行为提起诉讼，据此驳回了出版社起诉。

【分析】 在诉讼中，起诉的原告应当是与本案有直接利害关系的公民、法人和其他组织。根据合同，××出版社获得的是信息网络传播权的普通许可，而只有在获得独占许可的情况下，才能以自己的名义单独就侵权行为提起诉讼。本案中，××出版社必须经权利人明确授权，才能提起诉讼。

【启示】 信息网络传播权是指以有线或者无线方式向公众提供作品、表演或者录音录像制品，使公众可以在其个人选定的时间和地点获得作品、表演或者录音录像制品的权利。信息网络传播权与专有出版权是两项不同的权利，前者是作者的权利，后者是出版者的权利。获得专有出版权，并不意味着获得信息网络传播权，只有在作者明确将信息网络传播权授予出版社时，出版社才可以行使信息网络传播权。在签订出版合同时，出版社对于取得的信息网络传播权是何种形式的许可，应当认真审查，如果一开始签订的是普通许可协议，可以通过补充协议等形式，明确出版社可以单独维权的权利。

【案例7】

著作权人和专有出版权人的权利纠纷案①

【案情】 傅雷是我国当代著名的翻译家和文艺评论家，1966年去世，法定继承人是其长子傅聪和次子傅敏。2007年5月，傅敏的一位朋友从甲书城购得一本《语文新课标·名著阅读书系——傅雷家书名师解读版》，该书内容与傅敏授权天津社会科学院出版社（简称社科院出版社）出版的《傅雷家书》基本一致，仅部分家信之后增加了引导读者理解、评价傅雷教子态度的“赏析”。

早在1990年，傅敏就与其兄傅聪约定：“先父所有著译的在国内，即内地的版权归傅敏拥有。”2005年12月15日，傅敏与天津社会科学院出版社签订图书出版合同，约定在合同有效期内，社科院出版社对《傅雷家书》中文简体字本在中国内地拥有专有使用权，并按销售量向傅敏支付版税。随后社科院出版社开始印刷、出版《傅雷家书》。2006年12月1日，乙理工出版社与丙图书有限公司（以下简称丙公司）却就出版《语文新课标·名著阅读书系——傅雷家书名师解读版》（以下

① http://it.sohu.com/20091221/n269087992.shtml.

简称《解读版家书》）达成协议，约定由甲理工出版社约请丙公司创作上述作品，如作品侵犯他人权益，丙公司承担全部责任。2007 年 1 月《解读版家书》出版，该书标注“原著/傅雷，编著/曹萍”。

于是，傅敏将乙理工出版社和甲书城以侵犯其著作权为名告上法院，请求法院判令乙理工出版社和甲书城立即停止侵权，召回并销毁所有侵权的《解读版家书》，并公开赔礼道歉，连带赔偿精神损失及经济损失 67 万元，为制止侵权而支付的合理开支 15 万元。法院在初步交换证据后，依法通知社科院出版社为本案共同原告、丙公司为本案共同被告参加诉讼。

傅敏作为《傅雷家书》著作权的合法继承人，社科院出版社作为该书的专有出版权人，依法均有权作为原告提起侵权诉讼。因此，被告丙公司应当对其编著《解读版家书》使用《傅雷家书》内容是否获得权利人许可承担举证责任；被告乙理工出版社对其出版发行《解读版家书》的授权、稿件来源，以及是否尽到合理注意义务负举证责任。但两被告均未提供相应证据，而且双方签订合同约定由乙理工出版社约请丙公司创作《解读版家书》。对于在社会公众中享有较高知名度的《傅雷家书》，该两被告更应当注意到权利人的利益，在未获权利人许可的情况下编书出版，其主观过错明显，且被告乙理工出版社和被告丙公司联系紧密，包括约稿、编写、出版，属共同侵权行为。被告甲书城仅销售被控侵权图书，只应当对自己的销售行为负责，依法承担相应的法律责任。因此召回并销毁所有侵权的《解读版家书》属于停止侵权的具体内容，应当由被告乙理工出版社承担。由于被告甲书城所销售的被控侵权图书来源合法，依法不承担赔偿责任，应当由被告乙理工出版社和被告丙公司对赔偿承担连带责任。

最终法院判定三被告立即停止侵权行为，乙理工出版社和丙公司连带赔偿傅敏经济损失 10 万元和为制止侵权支付的合理支出 2 万元，赔偿社科院出版社经济损失 10 万元，驳回傅敏和社科院出版社的其他诉讼请求。乙理工出版社不服一审判决，提起上诉。江苏省高级人民法院经审理认为，一审认定事实清楚，适用法律正确，判决维持原判。

【分析】《著作权法》规定，出版他人享有专有出版权图书的，是一种民事侵权行为，又是可能触犯行政法及刑法的行为。当他人未经许可擅自出版相关图书时，直接受损失的应当是专有出版权人，而著作权人此时只是间接受害者，如果约定是按发行量计算报酬，其会因为正版图书发行减少而减少收入。《著作权法》规定，侵犯著作权或邻接权的，侵权人应当按照权利人的实际损失给予赔偿。侵害专有出版权，实际受损失的应当是专有出版权人和著作权人，程序上讲两者都是利害关系人，实体上讲两者都有损失，应当获得赔偿。

另有一种情形，如果著作权人与出版者签订的是一次性支付报酬合同，当侵权行为发生时，受损失的只有专有出版权人，不包括著作权人。本案属上述前一种情形，被告所侵犯的两原告的权利不同，对权利人傅敏而言，侵犯的是著作权；而对社科院出版社而言，侵犯的是邻接权，即专有出版权。法院对二者的损失分别确定赔偿数额，很好地体现了《著作权法》保护著作权和邻接权的立法目的。

【启示】我国著作权法所保护的“与著作权有关的权益”即邻接权，包括图书出版者依合同约定取得的专有出版权。该法第 30 条规定，图书出版者对著作权人交付出版的作品，按照合同约定享有的专有出版权受法律保护，他人不得出版该作品。在司法实践中，忽视专有出版权人的现象较为常见，很多情况下，图书著作权人提起侵权赔偿之诉获得法院支持，但专有出版权人并未因他人侵权而获得弥补损失。

第五章　有关不正当竞争行为的案例

竞争是市场经济条件下，商品生产者、销售者以及相互之间，为谋求有利的产销条件和经济利益而进行的斗争。它是市场经济发展的必然现象，是价值规律得以贯彻和实现的条件，也是市场经济推动生产力发展的基本动力。近年来，我国图书市场竞争愈发激烈，部分出版企业不顾法律底线，使用各种手段、方式扰乱图书市场的公平竞争。根据《中华人民共和国反不正当竞争法》的内容，不正当竞争行为共有 11 种之多，本章选取了常见的几种不正当竞争行为的案例，包括仿冒、商业贿赂、虚假宣传、侵犯商业秘密、商业诋毁等。

【案例 1】

翻译家马×诉××出版社不正当竞争案①

【案情】翻译家马×从 1987 年即开始从事外国文学名著的翻译工作，至今已有 20 余年，且已经翻译了大量的外国成人文学及儿童文学名著，先后翻译有《绿山墙的安妮》《绿野仙踪》等，尤其翻译了具有较大影响的“哈利·波特系列”作品，在外国文学翻译领域已经具有了较高的知名度和影响力。2013 年 6 月，马×发现××出版社出版的仿冒马×名字署名的，涉及 5 种语言、13 种图书的外国文学名著在市场上销售，该名字和马×的读音相同，字形相近，差别仅体现在汉字的偏旁部首上。马×认为××出版社为谋取不正当利益，仿冒其姓名出版发行上述图书，误导消费者，遂于 2013 年 8 月将其诉至法院，认为××社构成了不正当竞争。

后经法院认定，××出版社确实对马×构成了不正当竞争，应赔偿

① http：//www. chinanews. com/cul/2014/01-24/5775808. shtml.

马×经济损失 10 万元、合理费用 1.5 万元。

【分析】根据我国《反不正当竞争法》第 2 章第 5 条第 2 款规定："擅自使用知名商品特有的名称、包装、装潢，或者使用与知名商品近似的名称、包装、装潢，造成和他人的知名商品相混淆，使购买者误认为是该知名商品。"可以得知，××出版社的行为属于仿冒。

马×从 1987 年即开始翻译了大量的外国成人文学及儿童文学名著，尤其是在翻译了具有较大影响的"哈利·波特系列"作品后，在外国文学翻译领域已经具有较高的知名度和影响力。因此马×的姓名已经成为其翻译作品的来源标识，具有指引读者辨别作品来源的功能。××出版社出版发行的涉案 13 本图书均为外国文学名著的翻译作品，与马×20 余年翻译工作的成果相同或类似。在该 13 本图书上所署名的作者名称和马×的名字读音相同，字形相近，差别仅体现在汉字的偏旁部首上，往往使人在不经意时予以忽视，足以使读者误认为该 13 本图书均为马×所翻译。该 13 本图书显然属于仿冒马×姓名的图书。

【启示】在市场竞争中，作者和图书出版者之间既存在利益与共的关系，同时也存在利益对立的关系，尤其是在图书出版者出版发行假冒知名作者署名的图书情况下，图书出版者通过不当利用知名作者的声誉，增加其假冒署名图书的销量从而获取不当利益，有可能会给作者造成不利影响。

在出版领域，类似的不正当竞争案例还有很多。它们多表现为擅自使用或仿冒知名作家的姓名，或者在图书封面设计上模仿他人，以误导消费者。这种跟风出版的不良现象实质上是利用市场产生的效应所进行的模仿经营，这种经营方式可能会涉及不正当竞争，被侵权的出版社和作者可以用《反不正当竞争法》来维权。当然，最有效避免此类纠纷的关键还是出版社自身能不断加强选题策划和创新能力，开发优质选题，不再跟风出版。

【案例 2】

××县新华书店有限公司为推销教学用书向学校行贿案①

【案情】××县新华书店有限公司于 2004 年 1 月至 2006 年 2 月期

① http：//qjwb. zjol. com. cn/html/2006-04/14/content_819579. htm.

间，向××县36所中小学校销售2004、2005年度春秋季《词语手册》《口算训练》《作业本》等教学用书时，按各学校订购总金额的一定比例，将一部分钱款以手续费的名义支付给各学校。至案发止，××县新华书店有限公司已向该县36所中小学校支付手续费合计金额为281 959.81元，其销售教学用书合计金额为1 078 089.20元，违法所得280 000元。××县工商局认定当事人在推销教学用书时，采用财物手段贿赂对方单位，其行为构成商业贿赂，对其作出罚款10万元、没收违法所得28万元的行政处罚决定。

【分析】根据我国《反不正当竞争法》第2章第8条："经营者不得采用财物或者其他手段进行贿赂以销售或者购买商品。在账外暗中给予对方单位或者个人回扣的，以行贿论处；对方单位或者个人在账外暗中收受回扣的，以受贿论处。经营者销售或者购买商品，可以以明示方式给对方折扣，可以给中间人佣金。经营者给对方折扣、给中间人佣金的，必须如实入账。接受折扣、佣金的经营者必须如实入账。"案例中的××县新华书店有限公司所做的就是典型的"回扣"行为，是我国法律严厉禁止的不正当竞争行为。

商业贿赂是一种比较常见的不正当竞争行为。从受贿主体看，不论职级高低，只要手里有权或者处于一种优势地位，都可能成为索贿、受贿的便利条件。从行贿主体看，许多单位及个人已经把行贿作为获取交易机会和经济利益的常用手段，想方设法通过行贿谋取不正当利益。从作案手法看，商业贿赂形式日趋隐蔽、多样，手段不断变换。除了常见的"回扣""好处费"外，还有大量的所谓"讲课费、技术服务费、咨询费、信息费、顾问费"等。从贿赂的内容看，不仅有现金、购物卡、奢侈品、汽车甚至住房，还有资助到外地及出国（境）旅游、赠送"干股"、假"投资"分红等。从贿赂时间看，包括事前贿赂、事后贿赂，甚至承诺受贿人离职或退休后再取得贿赂等，逢年过节或受贿方婚丧嫁娶、过生日，更是进行贿赂的"良机"。

【启示】面对学生这一巨大的教材教辅消费群体，各大书商势必将学校作为主要的营销对象。近年来涉及校园的贿赂案件被频频曝光，从教材中提取回扣也是许多学校普遍存在的问题。教育领域内教材发行销售市场的商业贿赂行为已经不是个别现象，而是已被买卖双方默认了的市场潜规则。因为教育领域的特殊性，教材发行销售市场内商业贿赂违法的方式具有隐蔽性和多样性，具体操作也在暗中进行。这一方面给执法增加了难度，另一方面也损害了学生的消费权益。

【案例 3】

甲空调败诉法院判定其构成虚假宣传案①

【案情】2009 年 3 月 6 日，某地区甲空调分公司在当地晨报报纸和网络上发布的广告中含有“3 天甲空调销售突破 15 万套，市场占比达 81%，空调专卖系统甲空调占比 97%”等语句，但该地区乙空调分公司称，其广告数据来源与 2009 年 3 月 5 日甲空调公司出具的《报告》所涉及的数据不一致，并且五大家电市场的市场占比情况与甲空调公司提交的实际销售情况不一致，构成了虚假宣传。原告乙空调公司将甲空调公司告上法庭。

2009 年 8 月 24 日，法院经审理后认为：甲空调公司构成虚假宣传，并作出如下判决：甲空调公司于本判决生效之日起 10 日内赔偿原告乙空调公司经济损失和其他合理费用共计人民币 30 000 元，并且在《××商报》上刊登声明，就其侵权行为消除影响。

【分析】根据《中华人民共和国反不正当竞争法》第 9 条第 1 款“经营者不得利用广告或者其他方法，对商品的质量、制作成分、性能、用途、生产者、有效期限、产地等作引人误解的虚假宣传。广告的经营者不得在明知或者应知的情况下，代理、设计、制作、发布虚假广告”的规定，甲空调公司构成虚假宣传。本案中甲空调的“3 天甲空调销售突破 15 万套，市场占比达 81%，空调专卖系统甲空调占比 97%”宣传，容易使一般消费者误认为甲空调占据了空调市场绝大部分的份额，具有任何其他空调都不可能与之相比拟的市场优势地位，进而影响消费者购买空调的决策，损害其他竞争者的合法权益，违反了反不正当竞争法。

【启示】在激烈的市场竞争中，经营者的宣传广告应该实事求是，遵从诚实信用的原则，将产品等相关的信息完整、精确地表达出来，不能给消费

① http：//www. u88n. com/View/？599. html.

者以误导甚至是欺骗。

【案例4】

甲图书公司诉乙出版社侵害商业秘密纠纷案①

【案情】甲图书公司于2009年上半年策划和创意了《邓小平答外国元首和记者问》（简称《邓答》书稿）的图书出版意向。2009年7月10日，甲图书公司与案外人温×签订了著作权转让合同，取得该书稿的著作权。该书稿从创意构思到编撰再到照排最后到报批等各个环节，均签订了明确具体的保密协议，并严格限制知悉人员范围。

甲图书公司与乙出版社洽商出版事宜，由乙出版社负责向有关部门报审。2009年12月8日，中央文献研究室科研管理部复函新闻出版总署出版管理司称，根据中央有关文件规定，此书不宜出版。2009年12月16日，新闻出版总署出版管理司向台湾民主自治同盟中央委员会宣传部发出关于撤销乙出版社《邓小平答外国元首和记者问》选题的函。

2010年8月26日，乙出版社与王×签订委托编辑协议书，约定由王×编写《邓小平与外国元首及记者会谈录》（简称《邓与》）一书，该书完成时间为10月中旬，由乙出版社出版，署名为“本书编辑组”。经比对，该书包含2009年《邓答》书稿中的三个部分，具体包括“会见外国元首、贵宾纵论国际国内大事”65个事件中的49个事件及其出处，排列顺序与《邓答》书稿一致；“接见外国记者、来宾的谈话和回答问题”中的全部40个事件及其出处，排列顺序与《邓答》书稿一致；“审阅并同意发表的新闻报道”5个新闻报道中的3个报道及其出处，排列顺序与《邓答》书稿一致。遂甲图书公司认为乙出版社侵犯其商业秘密，将乙出版社诉至法院。

经过取证审理，法院判决乙出版社于判决生效之日起停止出版、发行《邓小平与外国首脑及记者会谈录》一书；丙传播有限公司于判决生效之日起，停止发行《邓小平与外国首脑及记者会谈录》一书；驳回甲图书公司的其他诉讼请求；乙出版社于本判决生效之日起10日内，赔偿甲图书公司经济损失50万元及诉讼合理支出5 000元。

① （2013）高民终字第34号。

【分析】《反不正当竞争法》第10条规定："经营者不得采用下列手段侵犯商业秘密：（一）以盗窃、利诱、胁迫或者其他不正当手段获取权利人的商业秘密；（二）披露、使用或者允许他人使用以前项手段获取的权利人的商业秘密；（三）违反约定或者违反权利人有关保守商业秘密的要求，披露、使用或者允许他人使用其所掌握的商业秘密。第三人明知或者应知前款所列违法行为，获取、使用或者披露他人的商业秘密，视为侵犯商业秘密。本条所称的商业秘密，是指不为公众所知悉、能为权利人带来经济利益、具有实用性并经权利人采取保密措施的技术信息和经营信息。"《邓答》书稿所体现的策划创意、编排体例和内容选取体现了编撰者一定的智力创作。该策划创意是甲图书公司在就相关图书出版市场进行考察论证后选取的具有潜在商业价值的选题。其编排体例是在以往存在的国家领导人答记者问这一形式的基础上，开创性地将国家领导人会见外国元首与接见外国记者融合为一体的新的编排体例。该书稿中的内容选取也是甲图书公司从大量有关邓小平外交事件的相关资料中有选择性地摘录编排而成，这些信息共同组合形成书稿，不属于公知领域，并不为所属领域的相关人员知悉，亦无证据证明其为出版业界的一般常识或行业惯例。尽管该书稿涉及国家领导人邓小平，根据国家相关规定需要向有关部门报批，但该书稿在未获得审批前已经具有潜在的经济价值，能够为权利人带来经济利益。

甲图书公司为确保上述信息不被泄露，采取了多项措施，由此可见，甲图书公司在该书稿从创意构思到编撰再到照排最后到报批等各个环节，均签订了明确具体的保密协议或严格限制知悉人员范围，因此，甲图书公司就该书稿的策划创意、编排体例、内容选取采取了与之相适应的合理保密措施。

综上，甲图书公司《邓答》书稿的策划创意、编排体例、内容选取构成商业秘密。乙出版社出版的《邓与》一书与甲图书公司的2009年、2010年《邓答》两书稿在选题策划创意方面相同，与2010年《邓答》书稿在体例编排、内容选取方面存在高度的相似性，因此，乙出版社在出版《邓与》一书时使用了甲图书公司拥有的商业秘密，应该承担停止侵权、赔偿损失的民事责任。

【启示】随着信息技术的发展，商业秘密已不再局限于传统的定义。在出版领域，市场上已知的图书选题、策划创意仍然可以作为商业秘密加以保护。因此，在图书出版活动中，出版企业应重视图书信息的维护和保密工作，避免为竞争对手所破获。

【案例5】

甲出版社诉乙出版社侵犯商业信誉、商品声誉纠纷案

【案情】原告甲出版社诉被告乙出版社侵犯商业信誉、商品声誉纠纷一案，于2006年9月由北京市海淀区人民法院公开开庭进行了审理。

2006年4月13日和4月25日，被告乙出版社先后两次致函原告，指责原告出版的《住宅建筑规范详解》等4种图书侵犯了其所谓的“专有出版权”，并限期要求原告承担所谓的“侵权责任”。4月14日，建设部网站登载了“《住宅建筑规范》编制组声明”，被告乙出版社在自己的网站上转载了上述声明。该声明指责原告出版的《住宅建筑规范详解》“名为《住宅建筑规范详解》，而实质内容却是与《住宅建筑规范》条文对应的现行相关标准条文，没有任何解释，且部分引用的现行相关标准条文与《住宅建筑规范》条文对应的关系是不妥的或错误的，可能会误导读者”。2006年4月25日，被告以“乙出版社发行部”的名义，向全国各新华书店、代理站、连锁店及其他销售网点发布通知，再次指责“个别出版社为了眼前利益，未按国家有关‘标准规范’出版的规定，不惜误导读者，出版了所谓‘详解’《住宅建筑规范》的图书，严重干扰了正常的市场秩序”，属于《中华人民共和国反不正当竞争法》规定的不正当竞争行为，侵犯了原告的商品声誉，给原告带来了巨大的经济损失。特向法院提起诉讼。

经法院审理，依照《中华人民共和国著作权法》第5条第1项和《中华人民共和国反不正当竞争法》第2条第1款、第9条、第14条和第20条之规定，判决被告乙出版社停止在其网站上转载涉案的“《住宅建筑规范》编制组声明”，并停止散发涉案的《关于转发〈住宅建筑规范〉编制组声明的通知》；在其网站首页和《中国新闻出版报》上刊登声明向原告甲出版社公开致歉；赔偿原告甲出版社经济损失10万元。

【分析】1. 诋毁对手的商业信誉违背诚信原则

商业信誉、商品声誉，对经营者来说是从商业角度对其能力、品德或对其商品品质的一种积极的社会评价。消费者或商业伙伴一般通过了解经营者的商业信誉，考虑是否与之建立关系。因此，诋毁经营者的商业或商品信誉不仅是伤害竞争对手的行为，同时也是误导欺骗消费者的行为，有违一贯倡

导的诚信原则。

乙出版社与甲出版社均出版发行建筑领域图书，应为同行业的竞争者；对由其出版的任何两种图书，只要其内容部分相同或相近似，出版者、发行者就可以对此进行比较，但在此过程中当事人双方应遵循诚实信用原则，不得采用不正当的手段贬低他人，抬高自己。

乙出版社以盈利为目的在其网站上转载建设部网站的涉案声明，同时向新华书店等销售商散发通知称“个别出版社为了眼前利益，未按国家有关‘标准规范’出版的规定，不惜误导读者，出版了所谓‘详解’《住宅建筑规范》的图书，严重干扰了正常的市场秩序”，其行为有违诚实信用原则，损害了甲出版社的商业信誉和商品声誉，已构成不正当竞争，故乙出版社应立即停止侵权并依法承担侵权责任。

2. 专有出版权

专有出版权是指著作权人许可他人在一定期间、一定的使用范围，以一定的使用方式享有的独占的、排他的对作品使用的权利。著作权法保护的是思想的表达，而不是思想本身，当思想的表达与思想无法区分时，这种表达不应得到著作权保护，更不会产生专有出版权。本案所涉《住宅建筑规范》，非个人投入的金钱和时间所能够完成，它是由国家政府部门制定，具有强制性和法规性质的技术性规范，是住宅建筑的基本技术要求，它代表了国家意志，而且它的思想的表达即为思想本身，对该规范不应适用著作权法给予保护，它的使用权也应成为社会的公共财富，为全社会共有，因此该规范并不产生相应的专有出版权。

3. 法律的等级

乙出版社认为其经建设部授权依法享有《住宅建筑规范》的专有出版权，但乙出版社忽略了最为关键的问题，即法律的等级高于行政立法。法律是指全国人民代表大会制定的规范性文件，行政立法是指行政机关制定的行政法规、行政规章的活动。在法律已经对某些事项作出明确规定时，行政法规和行政规章都不得与法律相抵触，当发生抵触时，应以法律为准。我国著作权法是由全国人民代表大会制定的规范性文件，该法第5条第（一）项已明确规定，本法不适用于“法律、法规，国家机关的决议、决定、命令和其他具有立法、行政、司法性质的文件，及其官方正式译文”。建设部在颁布《住宅建筑规范》时，发布公告称本规范由建设部标准定额研究所组织乙出版社出版发行，此公告以及此前有关政府部门所发关于标准版权问题的通知内容已与我国著作权法相抵触，且其效力低于著作权法的效力，故乙出版社以此主张专有出版权与法相悖，因此未能得到法院支持。

【启示】商业信誉对经营者至关重要，商业诋毁行为危害了市场竞争秩序。商业信誉直接关系到经营者在社会经济生活中的地位和尊严，据此形成对交易对方的吸引力，从而影响甚至决定了经营者的经营业绩和财产收益。良好的商业信誉可以使经营者生意兴隆，财源茂盛；不好的商业信誉可以使经营者门庭冷落，生意萧条。而通过商业诋毁行为贬低他人的商业信誉，必定使他人的商业信誉受到损害，从而给他人造成经营上的利益损害。当事人通过贬低他人商业信誉的方式打击竞争对手，必然损害正常的市场竞争秩序。因此，《反不正当竞争法》才对商业诋毁行为进行规范。

市场经济条件下的竞争向来都是激烈残酷的，面对优胜劣汰，每个企业经营者都面临着生存和发展的挑战，但在竞争的同时，每个经营者应当遵循自愿、平等、公平、诚实信用的原则，遵守公认的商业道德；不得违反法律的有关规定，损害其他经营者的合法利益。企业只有努力降低生产成本，提高生产效率，不断改善经营管理水平，提高自身的市场竞争能力，才能长效发展，进而提高整个社会的整体经济效率。而采用类似本案中诋毁竞争对手商誉、误导消费者来取得竞争优势地位的违法行为，不仅不能树立起良好的企业形象，提高竞争力，反而会受到法律的制裁。当面对不法侵害时，经营者也应果断拿起法律武器保护自己，司法途径是最终的保障机制，在此之前也可以通过双方充分的协商来解决纠纷。

第六章 有关著作权法律规定的案例

《著作权法》规定了作者与其他著作权人享有的著作权，规定了出版者、表演者、录音录像制作者、广播电台、电视台享受的著作权，并规定了对著作权人权利的限制，从而协调作者、传播者和公众之间的相互关系。本章案例涉及出版活动中经常遇到的著作权问题，概括起来有两方面：一方面是出版单位及其编辑，以及在出版单位出版作品的作者，都是著作权的权利主体，他们的作品是《著作权法》的保护客体；另一方面，出版单位是作品的出版者、传播者，在出版作品的过程中要遵守著作权法的规定，尊重著作权人的合法权益。

【案例 1】

李×与于×著作权权属、侵权纠纷案

【案情】 2013 年 11 月 13 日，原告李×将其作品《依山傍水话莱芜——莱芜古文化地理以及莱芜与周边城市的历史渊源》发表于莱芜在线论坛，文章题目下方署名“李×”，该文章主要讲述了莱芜的古文化遗址、地理环境以及与周边地区的文化渊源。2013 年 11 月 20 日，被告于×名下的新浪微博“莱芜巷”以长微博的形式转发该文章，未注明作者及出处（原告特意在该文章题目下署作者实名“李×”，而在该微博中，作者实名被有意删除）。原告称，曾在第一时间将此情况告知被告，希望被告有基本的认错态度，可惜被告不仅没有道歉，反而对原告进行谩骂，甚至以微博转发的形式恶意搜集微博上其他人对原告的所谓“曝光”，使原告的工作、心情受到极大的干扰。原告浏览被告微博，发现其微博内容多为从报纸以及网络上转载的，有相当一部分未署作者名，原告仍有文章《逐字逐句点评莱芜日报评论员文章〈与市民对立，终成历史罪人〉》被抄袭。被告因抄袭他人文章而带来的收入为非法所得，被告的行为极大地破坏了文化环境，违背了公平与正义，

给原创者带来了极大的伤害，因此，请求法院判令：(1) 被告立即删除其在微博、微信上所有侵犯原告著作权的文章；(2) 永久性注销新浪微博“莱芜巷”和微信平台“莱芜巷”；(3) 就抄袭在莱芜主要媒体向原告道歉；(4) 被告赔偿原告经济损失及维权费用共计3.5万元；(5) 本案诉讼费由被告承担。

被告于×辩称，原被告主体均不适格，且无任何事实以及法律依据，应该依法驳回。一是，被告并非原告口中的“莱芜巷”，原告必须提交直接证据证明被告就是“莱芜巷”。原告提交的所谓证据仅是其手机上的一张截图，该证据不具有证明力，原告应该提交由权威部门出具的证据证明被告是“莱芜巷”，否则，本案缺少适格被告，应该依法驳回。二是，原告不能证明其为《依山傍水话莱芜——莱芜古文化地理以及莱芜与周边城市的历史渊源》和《逐字逐句点评莱芜日报评论员文章〈与市民对立，终成历史罪人〉》的著作权人或者经著作权人授权的人，原告主体不适格，不能提起本案诉讼。另外，被告保留对原告李某追究刑事责任和民事赔偿的权利。

依照《中华人民共和国著作权法》第2条第1款、第3条第1款第1项、第10条、第48条、第49条，《最高人民法院关于审理著作权民事纠纷案件适用法律若干问题的解释》第25条、第26条的规定，法院判决如下：(1) 被告于×自本判决生效之日起，立即删除在其微博上侵犯原告李×著作权的文章；(2) 被告于×于判决生效之日起10日内赔偿原告李×经济损失及合理开支5 000元；(3) 被告于×自本判决生效之日起60日内，在《莱芜日报》上就其侵权行为向原告李×公开赔礼道歉；(4) 驳回原告李×的其他诉讼请求。

【分析】本案的争议焦点为：(1) 原告李×是否为涉案作品的著作权人；(2) 于×作为被告主体是否适格，是否实施了侵害原告著作权的侵权行为，应否承担民事责任，应承担何种民事责任。

关于焦点一，原告李×是否为涉案作品的著作权人的问题。根据《中华人民共和国著作权法》第11条规定，著作权属于作者，本法另有规定的除外。创作作品的公民是作者。由法人或者其他组织主持，代表法人或者其他组织意志创作，并由法人或者其他组织承担责任的作品，法人或者其他组织视为作者。如无相反证明，在作品上署名的公民、法人或者其他组织为作者。本案的涉案作品《依山傍水话莱芜——莱芜古文化地理以及莱芜与周边城市的历史渊源》于2013年11月13日首次发表于莱芜在线论坛，文章题目下方署名“李×”，根据法律规定，在作品上署名的公民为作者，且原告提供了其与同事的QQ聊天记录，证实涉案文章的创作过程，因此，原告李×为涉案作品的著作权人，有权针对侵害其著作权的行为提起诉讼。被告主张原告并非涉案文章的著作权人，但并无相反证据证明。

关于焦点二，于×作为被告主体是否适格，是否实施了侵害原告著作权的侵权行为，应否承担民事责任，应承担何种民事责任的问题。本案中新浪网络技术股份有限公司的回函中载明微博“莱芜巷”注册时间为2011年5月4日，微博主真实姓名为李×兰，身份证号码为××××。经本院核实，该身份证号码系被告于×的身份证号码。本院认为，虽然该微博主的姓名不是被告于×的姓名，但是身份证号码系于×本人的身份证号码，身份证号码作为区分公民的标识，具有唯一性，因此，应当认定被告于×为微博“莱芜巷”的实际管理人，即“莱芜巷”的微博主。被告主张该微博系被告于2015年上半年从他人处过户到自己名下，但并无相应的证据予以证实。

【启示】著作权的主体是依法享有著作权的人。本案中，被告于×以长微博的形式转载原告李×在莱芜在线论坛已经公开发表的文章，该转载行为并未得到涉案作品作者李×的许可，亦未注明被转载作品的作者和最初登载的出处，且不属于合理使用的范畴，因此，该行为侵犯了原告的署名权、复制权、发行权。许可使用是著作权人行使著作权的重要方式，是著作权人实现其著作财产权的重要渠道。

【案例2】

傅×岷与重庆甲影视传媒有限公司著作权侵权纠纷案

【案情】华夏出版社于1991年出版了小说《魂荡华蓥——双枪老太婆前传》（以下简称《魂荡华蓥》）一书，作者傅×岷。2001年6月21日，原重庆甲广告文化传播公司（以下简称甲广告公司）法定代表人傅×阳从傅×岷处借走了包括《魂荡华蓥》在内的相关书籍、资料共11本，并出具一份借条载明“此书用于改编电视剧，如不用则归还；如拍电视剧应署名根据傅×岷《魂荡华蓥》小说改编”。后傅×阳与傅×岷就改编电视剧合作未果。2002年2月6日，傅×阳代表甲广告公司与金×禾签订协议书，约定金×禾将其小说《双枪老太婆的故事》授权甲广告公司拍摄电视剧使用，稿费1万元。2002年6月21

日，傅×阳与李×鑫签订协议书，委托李×鑫编写电视剧《双枪老太婆传奇》的剧本。2002年12月2日，甲广告公司与上海乙影业有限公司签订协议书，约定双方为联合承制单位，剧本著作权属甲广告公司，电视剧版权归上海乙影业有限公司所有，由上海乙影业有限公司负责组成班子拍摄，甲广告公司协助上海乙影业有限公司工作，金×禾在片中署名，电视剧所得收益由双方五五分成。2002年12月13日，甲广告公司和上海乙影业有限公司与重庆电视台签订协议书，约定该剧版权属甲广告公司和上海乙影业有限公司拥有，由两公司全额投资全权负责全剧制作并无偿使用重庆电视台的摄制许可证号，重庆电视台有署名权但不享有版权及与经济利益有关的权利，甲广告公司和上海乙影业有限公司署名为摄制单位。同日，甲广告公司与上海乙影业有限公司又签订一份协议书，约定两公司与重庆电视台签订协议书中的内容由上海乙影业有限公司承担，与甲广告公司无关，两公司仍按2002年12月2日的合同执行。两公司当日还签订了另一份协议书，载明甲广告公司愿意转让该剧的剧本拍摄权，上海乙影业有限公司有权对剧本进行调整、修改，甲广告公司拥有在剧本中的署名权，上海乙影业有限公司在该剧完成后支付给甲广告公司稿酬30万元，上海乙影业有限公司在电视剧中所产生的经济利益无论亏损、盈利均与甲广告公司无关。该协议也明确双方2002年12月2日签订的协议书仍生效，有关事宜仍按该合同执行。2002年12月20日，甲广告公司又与上海乙影业有限公司签订了补充协议，载明该剧总投资由上海乙影业有限公司负责并投入，制作过程由上海乙影业有限公司全权负责，为了使用资金的方便和安全，电视剧制作中的有关费用由甲广告公司支付，上海乙影业有限公司再付给甲广告公司。2004年10月18日，甲广告公司和上海乙传媒有限公司签订协议书，载明该剧已经完成并被广电总局审查通过，上海乙传媒有限公司委托甲广告公司完成央视的收购，播出事宜所花费用由上海乙传媒有限公司认可后支付，并再次明确2002年12月2日签订的合同仍有效。2006年1月3日，上海乙传媒有限公司与甲广告公司签订补充协议，载明该剧属双方联合摄制，由于该剧出现特殊情况造成不能正常运行，产生了一定的经济损失，甲广告公司同意用该剧在重庆地区的播映权折抵30万元的编剧费和其他一切费用，就此了结双方的所有合同（2002年12月2日、2002年12月13日、2004年10月18日）。2006年1月25日起，该剧开始在重庆卫视新闻频道、中央电视台第8套和第12套节目中播出。剧中载明根据金×禾《双枪老太婆的故事》改编，片尾署名该片由上海乙传媒有限公司、甲广告公司、中共华蓥市委员会、华蓥市人民政府以及重庆电视台联合摄制。诉讼中，经甲广告公司申请，重庆市版权局于2007年12月29日出具鉴定意见认为不宜认定电视剧《双枪老太婆传奇》侵犯了小说《魂荡华蓥》的著作权。一审法院另查明，重庆市广播电视局于2003年11月8日颁发了一份电视剧发行许可证，证号为（渝）剧审字（2003）第003号，剧目名称为“双枪老太婆”，制作单位是重庆电视台，合作单位是上海乙影业有限公司和被告甲影视传媒有限公司（以下简称甲传媒公司），电视剧制作许可证编号为甲第010号。2004年12月28日，国家广播电影电视总局也颁发了一份国产电视剧发行许可证，证号为（广播）剧审字（2004）第154号，剧目名称为“双枪老太婆”，制作单位是重庆电视台，合作单位是上海乙传媒有限公司和被告甲传媒公司，电视剧制作许可证编号为甲第010号。在本案中用于电视台播放的电视剧光盘的外包装上署名该片由重庆甲传媒公司、中共华蓥市委市政府、重庆电视台和上海乙影业有限公司联合摄制。甲传媒公司提交了重庆市广播电视局于2003年11月8日颁发的电视剧发行许可证复印件，重庆市文化广播电视局于2007年12月20日在该复印件上添加了“重庆甲影视传媒有限公司应为重庆甲广告文化传播公司”等内容。此外，根据工商档案记载，甲传媒公司的企业名称于2004年4月27日经重庆市工商行政管理局核准，于2004年4月30日注册成立，公司性质为有限责任公司，经营范围包括电视剧等影视制作等，股东为傅×阳、刘×和张×。在该公司设立登记的材料中包括一份广播电视节目制作经营许可证，由重庆市广播电视局于2003年10月18日颁发，证号为（渝）字第030号，经营范围包括电视剧等影视制作，单位名称甲传媒公司，法人代表傅×阳。又根据甲广告公司的营业执照，该公司成立于1997年8月22日，法定代表人为傅×阳，经营范围是设计、制作、发布字牌、灯箱、路牌、霓虹灯广告、代理报刊广告业务以及建筑材料、装饰材料和经济信息咨询服务，公司性质为有限责任公司，股东为傅×阳和傅×堂。

法院认为，（1）甲传媒公司是否应当返还傅×岷小说及其他资料。甲传媒公司成立于2004年4月30日，傅×阳在2001年的借书行为不能代表该公司的意思表示，不能认定为该公司的行为，傅×岷要求该公司退还小说和资料的请求不能成立。（2）甲传媒公司是否参与了电视剧《双枪老太婆传奇》的制作并使用《魂荡华蓥》改编电视剧。改编是在原作品基础上进行再创作的行为，使用小说改编电视剧的行为应当发生在电视剧制作完成之前，且行为主体应为参与电视剧制作的单位。虽然国家广播电影电视总局和重庆市广播电视局分别颁发的电视剧发行许可证上均有甲传媒公司作为合作单位的记载，但电视剧发行许可是主管部门对已经制作完成的电视剧是否可以向社会公开发行进行审批的行为，发行许可证上的记载可以佐证电视剧的制作单位，但并非证明电视剧制作者的唯一证据。本案中，以时间在前的由重庆市广播电视局颁发的发行许可证来认定电视剧完成制作的最晚时间应当在2003年11月8日之前已经制作完成，而根据工商登记材料，甲传媒公司的成立时间应为2004年4月30日，也即甲传媒公司在电视剧制作完成前并未成立，所以发行许可证上关于被告甲传媒公司是电视剧合作单位的记载与客观事实不符，不能仅凭发行许可证上的记载证明甲传媒公司参与了电视剧的制作。本案中，甲传媒公司举示了多份协议证明傅×阳作为法定代表人是以甲广告公司的名义而非甲传媒公司的名义参与了有关的制作行为。虽然在电视剧光盘外包装上有甲传媒公司的名称，但在片尾部分仍然是甲广告公司的署名而没有甲传媒公司的名称，所以也不应单纯以电视剧中的署名或光盘外包装上的署名来确定电视剧的制作单位。因此，无论从电视剧制作完成的时间以及制作电视剧过程中形成的相关协议，还是从电视剧的署名情况等方面，傅×岷提出甲传媒公司参与了电视剧的制作与事实不符。

【分析】本案有两个争议焦点：一是关于甲传媒公司是否参与了电视剧《双枪老太婆传奇》的制作工作。在本案中，甲广告公司和上海乙影业有限公司、重庆电视台之间虽然订立有多份协议，对电视剧的摄制、署名、版权归属等进行了约定，但是傅×岷对此均不予认可，因此这些约定都不具有对抗非合同相对人傅×岷的效力。故本案中能够客观反映电视剧制作人的有效证据有三个，第一个证据是电视剧片尾的署名，即上海乙传媒有限公司、甲广告公司、中共华蓥市委员会、华蓥市人民政府以及重庆电视台联合摄制，但是在该片尾同屏显示了国家广播电视总局的电视剧发行许可证，证号为（广播）剧审字（2004）第154号；第二个证据就是前述国家广播电视总局154号许可证，颁发于2004年12月28日，制作单位是重庆电视台，合作单位是上海乙传媒有限公司和甲传媒公司；第三个是重庆市广播电视局于

2003 年 11 月 8 日颁发的电视剧发行许可证，证号为（渝）剧审字（2003）第 003 号，制作单位是重庆电视台，合作单位是上海乙影业有限公司和甲传媒公司。综上，甲传媒公司是电视剧的制作人之一，可以成为著作权法意义上的被控侵权人。

第二个焦点问题是电视剧《双枪老太婆传奇》是否剽窃了小说《魂荡华蓥——双枪老太婆前传》，是否侵犯了小说的著作权。首先，甲传媒公司的法定代表人傅×阳在拍摄电视剧之前接触过小说。其次，小说中的少数独创性内容在电视剧中也有所体现：例如，夏驹与熊驹的名字中都含有一个“驹”字，而这个名字并非人名常用字，并且两个人物的身份、性格和形象也有相似之处；又如，两部作品都以女主人公的母亲为饵进行威胁，并进而加以杀害。再者，小说中另外一些内容，包括宝顶寺、女主角坤在南京读书、游击队劫 10 万军款等曾出现在电视剧的前期创作剧本“分集文学大纲”中。虽然在进行侵权比对时，只能将公开播出的电视剧与小说进行比对，但是前期创作的资料等可以反映整个创作过程，从而可以推断出电视剧在创作过程中对小说进行过一定程度的接触和参考。

不过，在创作中参考他人已有作品而制成新的作品，或受他人作品的启发而激发创作灵感，或使用他人作品中处于公有领域的思想和非独创性元素都是法律允许的。因此，要判断电视剧是否对小说构成剽窃，需要具体分析电视剧是否完整地体现了小说的基本内容，以及是否以不合理的方式大量使用小说的具体表达方式。

通过对电视剧和小说的主要情节走向进行比较，认为两部作品的情节迥异，故事结构差异很大，基本内容具有明显区别，可以认定电视剧不是在小说的基础上进行二次创作的演绎作品。

【启示】我国对国产电视剧的制作实行比较严格的申报单位资格审查和影片内容审查以及备案公示制度，而且根据规定和惯例，上报审查的材料应该由电视剧申报单位如实填写。一旦有关行政主管机关审查通过并予以备案公示和颁发发行许可证，此时可推定许可证上记载的制作人为真实，并反映了制作人的真实意图。因此，在电视剧的自行署名和许可证上记载的主体发生冲突的情况下，后者具有更高的证据效力，除非有确凿的相反证据，否则应以效力更高的证据来认定事实，也即本案的制作人之一包括笛女传媒公司。同时，演绎作品的独创性在于它一方面对原作品进行改编、翻译、注释、整理，另一方面是在原作基础上的创新，作了形式上的变动，此时才与原作品一样，是独立受保护的作品。

【案例3】

张×权与吴×杰、吴×雄等委托创作合同纠纷案

【案情】吴×杰系文生队的党支部书记、居民小组长，吴×雄系文生队的队长。2011年5月18日，吴×杰、吴×雄代表文生队与张×权达成口头协议：委托张×权在1年内编著“文生村90年的村史”，字数10万~12万，费用为1万元，文生队先行支付5 000元，余款5 000元待创作完成后再予以支付。双方对打印费、复印费、广告费等并未约定。同日，文生队向张×权预付现金5 000元。

张×权收到预付款后，拟定了写作提纲、着手摄影、搜集材料，并将书命名为《文经武纬红色老苏区·文生村》（以下简称《文生村》）。同时，张×权在报纸上刊登征文启事：“澄迈县红光农场文生村已成立《文生村史书》编纂领导小组，现向社会各界征稿，主要内容是反映当今社会的新文生、新农村、新生活，体裁不限，可用诗词、散文、楹联、书画、相片等，要求短小精简……”并邀请南国作家研究会到文生村采风、选景照相。

2012年5月，张×权将初稿交由文生队审阅。文生队经审阅后，认为不符合村里的实际情况，要求张×权修改。张×权遂要求文生队提供修改的素材。文生队提供了相关素材，其中部分素材因张×权认为其已完成了相关的内容便不再采用。因双方对书稿的内容争议不下，文生队也一直未向张×权支付余款5 000元。张×权遂于2012年7月24日以吴×吉（即本案被告吴×杰）、吴×雄为被告起诉至澄迈县人民法院，并于2012年10月8日撤回起诉，澄迈县人民法院以（2012）澄民初字第692号民事裁定书裁定准许张×权撤回起诉。2012年11月2日，张×权又以吴×吉（即吴×杰）、吴×雄为被告起诉至原审法院。该案在审理过程中，2012年12月24日，张×权与吴×杰、吴×雄自行和解并签订调解协议，张×权遂再次撤回起诉。原审法院于同日以（2012）海南一中民初字第209号民事裁定书裁定，准许张×权撤回对吴×吉、吴×雄的起诉。上述调解协议约定：（1）确认张×权对委托创作的作品享有署名权，其他的著作权利由委托方享有；（2）张×权创作过程中要尊重委托方提出的意见（书面意见），对委托方（以文生村编委会的名义提出，吴×吉书记签名）提供的材料（除违反法律规

定外）要予以采用，不采用的要书面说明理由。对委托方提出的修改意见，需要具体材料的，由受托方张×权收集；（3）作品创作定稿经委托方审核认可后，委托方应付清剩余的稿费5 000元；（4）创作作品的出版由委托方负责，是否出版、出版时间、出版社、出版的数量等均由委托方负责；（5）张×权在采访过程中拍摄的照片，委托方于2012年12月30日前返还给张×权；（6）张×权已经完成的初稿，对初稿中委托人认为应当删除的，提出书面意见后，应当删除；对于书稿中没有涉及的内容，委托人认为应当增加的，委托人提出书面意见后，张×权应当增加；（7）委托作品应于2013年6月30日前创作完毕；（8）张×权违反上述约定的，委托方有权解除委托，并不再支付剩余的5 000元稿费，且张×权不能自行出版该书；委托人不及时提供修改意见的，以张×权已经完成的初稿为最终定稿，委托方应于2013年6月30日前支付剩余的稿费5 000元，且张×权可以自行出版该书。

调解协议签订后，2012年12月30日，吴×杰代表文生队向张×权递交了一份文生村写村史修改意见，对各篇章均提出了共计10点修改意见，具体涉及地理、历史、文化教育、名优特产等相关内容。2013年1月8日，张×权就文生队提出的修改意见，回函并提出了12点意见。2013年5月22日，张×权再次致函文生队，要求文生队提出需要增加或删除的意见，但文生队并未就此提出书面意见。2013年9月9日，张×权以吴×杰、吴×雄和文生队未付款为由再次向原审法院起诉，请求：（1）吴×杰、吴×雄和文生队续付创作稿费人民币5 000元，征文广告费人民币2 000元，打字复印费人民币1 500元，合计人民币8 500元；（2）按量收回拍摄的相片集本（共8张）或补偿80元；（3）张×权有权出版该书。

吴×杰、吴×雄答辩称：吴×杰、吴×雄是以文生村编委会的名义委托张×权创作的，已付的5 000元也是各家各户收上来的，并不是个人委托张×权创作，所以不应由吴×杰、吴×雄个人承担责任。

文生队辩称：文生队委托张×权代执笔文生队的村志村史，当时约定是共12万字稿费1万元，先付5 000元作为预付款，余款5 000元待书完成，经文生队审阅无误后再支付；如需出版应征得文生队的同意。上述1万元包含了所有的复印费、打印费等。但是，张×权在完成6万~7万字时就将稿件交给文生队初审，经审核，书中的内容严重歪曲文生队的历史，而且文字表达不通顺、前语不搭后句，错误百出。文生队要求张×权修改，但其却拒绝修改。张×权要求归还8张相片没有事实依据。涉案的作品是委托创作的作品，而且内容是文生队的村史，著作权应归属文生队，未经文生队的许可，张×权不得擅自出版。

综上所述，依照《中华人民共和国合同法》第5条、第10条第1款、第97条、第410条，《中华人民共和国民事诉讼法》第64条第1款，《最高人民法院关于民事诉讼证据的若干规定》第2条的规定，判决：驳回张×权的诉讼请求。案件受理费人民币50元由张×权负担。

【分析】本案的争议焦点为：(1) 吴×杰、吴×雄和文生队是否应当续付创作稿费、征文广告费、打字复印费及张×权是否有权出版《文生村》。(2) 归还8张相片或补偿80元是否有依据。(3) 委托创作合同能否继续履行。

(1) 关于吴×杰、吴×雄和文生队是否应当续付创作稿费、征文广告费、打字复印费及张×权是否有权出版《文生村》的问题。2011年5月18日，吴×杰、吴×雄代表文生队与张×权达成口头协议，委托张×权编著文生村90年的村史。2012年12月24日，张×权与吴×杰、吴×雄在(2012)海南一中民初字第209号案件的审理过程中签订调解协议，该调解协议应视为对口头协议的细化与补充，内容真实合法，应为有效合同。张×权在调解协议上签字，说明其认可调解协议的内容，其主张调解协议约定由其一人收集资料系霸王条款的理由不能成立。调解协议第6条约定，对张×权已经完成的初稿，委托人认为应当删除的，提出书面意见后，应当删除；对于书稿中没有涉及的内容，委托人认为应当增加的，委托人提出书面意见后，张×权应当增加。第8条约定，张×权违反上述约定的，委托方有权解除委托，并不再支付剩余的5 000元稿费，且张×权不能自行出版该书；委托人不及时提供修改意见的，以张×权已经完成的初稿为最终定稿，委托方应于2013年6月30日前支付剩余的稿费5 000元，且张×权可以自行出版该书。调解协议签订后，2012年12月30日，吴×杰代表文生队向张×权递交了一份修改意见，对《文生村》各篇章提出了10点具体的修改意见。但张×权在收到上述修改意见后，以文生队书记未在上述修改意见上签名、未提供修改材料、修改意见不合理等为由，拒绝对初稿进行修改，违反了调解协议的相关约定。根据调解协议第8条的约定，张×权违反约定，委托方有权解除委托，不再支付剩余的 5 000 元稿费，且张×权不能自行出版该书。因此，张×权主张吴×杰、吴×雄和文生队应续付创作稿费 5 000 元及享有该书的出版权的理由不能成立，本院不予支持。关于征文广告费2 000 元及打字复印费 1 500 元的问题。没有证据证明双方约定该两笔费用应由吴×杰、吴×雄和文生队支付，因此，张×权的该项主张没有合同依据。

（2）关于张×权主张归还 8 张相片或补偿 80 元是否有依据的问题。张×权主张纠纷在澄迈县人民法院开庭审理时，其曾出具相片原件供吴×杰、吴×雄核对，吴×杰、吴×雄还有 8 张相片没有退回。对此吴×杰、吴×雄予以否认，张×权未能提供证据证明该 8 张相片未予退回。

（3）关于委托创作合同是否继续履行的问题。由于双方当事人在进行合作的过程中已经多次发生纠纷，对创作作品的意见分歧较大，文生队认为张×权的作品不符合其要求，张×权则拒绝按照文生村的意见修改委托作品，现文生队不愿意再继续履行合同，双方合作的基础已经不存在。且根据调解协议的约定，张×权违反约定，委托方有权解除委托。因此，委托创作合同已无法继续履行，张×权主张需双方协商才能解除合同的理由不能成立。

【启示】 委托作品基于委托合同而产生，著作权的归属由委托人和受托人通过合同约定。合同未作明确约定或者没有订立合同的，著作权属于受托人。也就是说，委托人若要享有委托作品的著作权，必须通过订立合同与作者明确约定，以免发生误会，引发著作权纠纷。

【案例 4】

郑×与俞×良著作权转让合同纠纷上诉案

【案情】 1997 年 8 月 4 日，俞×良（甲方）作为著作权人，与××科学技术出版社（乙方）签订了一份图书出版合同，就《婴幼儿启蒙全科丛书（暂名）》的出版事项约定：甲方将上述作品中文文本交付××科学技术出版社，在中国独家出版发行，该作品系甲方本人创作或翻译的原稿，在合同有效期间，甲方不得将该作品的全部或一部分，或将其内容稍加修改以原名称或变更名称授予第三者另行出版等，双方还约定该合同自 1997 年 7 月起生效，有效期为 10 年。张×霞、李×兴在乙方栏上签字。

1998年2月18日，俞×良（甲方）与××科学技术出版社（乙方）又签订了一份图书出版合同补充协议，约定作品名称为《泥娃娃——婴幼儿启蒙》丛书。双方还就上述作品的出版合同作了一些补充约定。乙方栏上显示有张×霞的签字和××科学技术出版社的印章。

《泥娃娃——婴幼儿启蒙》丛书由××科学技术出版社于1998年5月出版，主编为“戈×博士”，编委会名单为戈×、李×兴、俞×良、宋×萍、丛×笑、李×暹、王×、张×霞。封底显示绘画为扬×、王×等10人。该丛书在3~6岁阶段共15册。

2012年5月12日，郑×与俞×良签订了一份知识产权转让协议，双方约定：俞×良将《泥娃娃——婴幼儿启蒙》（3~6岁）幼儿教育系列丛书的著作权及其他所有知识产权转让给郑×，该丛书共15本，作者戈×（为俞×良笔名），完成时间为1998年，由××科学技术出版社于1999年出版，转让费为人民币300万元，付款方式为：第一次付款：郑×于该协议签订之日起7个工作日内向俞×良支付100万元；第二次付款：郑×于2013年5月12日向俞×良支付100万元；第三次付款：郑×于2014年5月12日向俞×良支付100万元。双方还就各自的义务进行了约定：该协议生效后，郑×享有对上述作品除署名权之外的所有知识产权，郑×有要求俞×良办理知识产权变更手续的权利；郑×有权要求俞×良按郑×要求对上述作品进行调整、修改、改编及再创作，由此产生的差旅及食宿费用由郑×承担；郑×有依协议按时支付转让金的义务；俞×良有义务按照郑×要求对上述作品进行调整、修改、改编及再创作；俞×良在收到协议首付款后向郑×交付上述作品（包括作品的电子版本和打印版或印刷版），并向郑×办理著作权变更手续；俞×良有义务将上述作品或改编后的作品为郑×向教育部及相关部门申报课题，并进行项目宣传及推广。在违约责任上，双方约定：俞×良应在该协议签订之日起10日内向郑×交付上述作品，逾期不交的，郑×有权要求俞×良交付；郑×如延期付款，按每日3‰向俞×良支付延期付款补偿金。如该项付款超过20日，郑×仍未付款，俞×良有权解除该协议，要求郑×支付转让款10%的违约金，并可收回上述作品著作权及相关知识产权，不再受该协议约束。协议第7条约定：双方因该协议的解释或履行发生争议，由双方协商解决，协商不成的，任何一方可向郑×所在地人民法院起诉。双方还约定该协议自双方签字之日起生效。在郑×签字栏下方显示有其地址：××市万安西苑1幢2单元×号。

2011年12月，俞×良担任课题负责人的教育部重点课题“中国学校心理健康服务体系研究”（批准号：DBA060088）经鉴定为良好。

2014年9月3日，××科学技术出版社出具一份证明，称：该社在1997年8月4日与俞×良签订图书出版合同，该图书在签订合同时暂名《婴幼儿启蒙全科丛书》，1998年5月正式出版后定名为《泥娃娃——婴幼儿启蒙》丛书，属于原创性作品。该丛书编委会名单中戈×系丛书著作权人俞×良笔名，为工作方便，该社人员李×兴、宋×萍、李×暹、张×霞加入编委会，承担编辑工作，实际未参加该丛书创作，不具有该丛书著作权。该丛书绘画由俞×良提供丛书各图文字说明和铅笔简画，扬×、王×等10人系该社外邀人员，并已经向其支付劳务报酬，该10人不具有丛书图画著作权。有鉴于此，该丛书著作权属俞×良。王×、丛×笑先后于2014年9月2日、9月12日出具证明，称其不享有该丛书著作权。

2014年10月9日，××出版传媒集团有限公司人力资源部出具证明，称：李×兴、宋×萍、李×暹、张×霞为该集团下属单位××科学技术出版社职工。

双方确认，郑×已就涉案知识产权转让协议向俞×良支付了人民币100万元，俞×良尚未向郑×交付《泥娃娃——婴幼儿启蒙》丛书电子稿。郑×认可涉案知识产权转让协议中约定的作品就是俞×良提交的《泥娃娃——婴幼儿启蒙》丛书。

2014年8月12日，郑×诉至法院请求判令：(1) 解除双方签订的知识产权转让协议；(2) 俞×良返还已支付的转让款100万元及利息；(3) 俞×良承担本案的诉讼费。

综上所述，虽然俞×良未能履行协议约定的交付作品电子稿、申报课题并进行项目宣传及推广的义务，但郑×在长达2年的时间里亦未要求俞×良履行上述义务，鉴于郑×未能提供证据证明俞×良的上述行为致使合同目的不能实现，故对于郑×要求解除合同、返还转让款100万元及其利息的诉讼请求，法院不予支持。

综上，依照《中华人民共和国合同法》第62条第4项、第94条，《中华人民共和国民事诉讼法》第64条第1款，《最高人民法院关于民事诉讼证据的若干规定》第2条之规定，法院判决如下：驳回郑×的诉讼请求。

【分析】首先，《泥娃娃——婴幼儿启蒙》丛书署名为俞×良主编，编委会成员为俞×良、李×兴、宋×萍等人。其中，丛×笑、王×已经出具证明称其不享有该丛书著作权；又鉴于××科学技术出版社和××出版传媒集团有限公司人力资源部亦出具证明称李×兴、宋×萍、李×暹、张×霞4人系××科学技术出版社职工，不具有该丛书著作权，扬×、王×等10人系该社外邀人员，不具有该丛书图画著作权，结合图书出版合同及其补充条款上张×霞、李×兴作为××科学技术出版社代表签字，以及图书出版合同约定该作品系俞×良本人创作或翻译等情节，原审法院认定，俞×良系《泥娃娃——婴幼儿启蒙》丛书的著作权人。郑×虽对此提出异议，但不能提供足以反驳的相反证据，故对郑×认为俞×良无权转让涉案作品的主张，法院不予支持。

其次，根据涉案知识产权转让协议约定，俞×良在该协议项下的义务主要有：在协议签订之日起10日内，收到协议首付款后向郑×交付作品的电子版本和打印版或印刷版；基于郑×的要求办理知识产权变更手续，对作品进行调整、修改、改编及再创作；将涉案作品或改编后的作品为郑×向教育部及相关部门申报课题，并进行项目宣传及推广。

根据查明的事实，俞×良尚未向郑×交付《泥娃娃——婴幼儿启蒙》丛书电子稿，亦未提供有效证据证明其已将涉案作品或改编后的作品为郑×申报课题并进行项目宣传及推广。郑×主张，俞×良未履行合同约定的义务，导致合同目的无法实现。对此，原审法院认为：关于交付作品的义务，涉案知识产权转让协议约定，俞×良逾期未交涉案作品的，郑×有权要求俞×良交付，而本案中，没有证据证明在俞×良逾期后郑×曾向俞×良要求交付涉案作品的电子稿；关于办理知识产权变更手续，对作品进行调整、修改、改编、再创作的义务，根据协议，俞×良履行上述义务的前提是基于郑×的要求，而郑×亦未提供证据证明其曾向俞×良提出了上述要求；关于申报课题、项目宣传及推广的义务，法院注意到，双方在上述协议中并未就涉案作品申报课题、项目宣传及推广约定明确的履行期限。《中华人民共和国合同法》第62条第4项规定："履行期限不明确的，债务人可以随时履行，债权人也可以随时要求履行，但应当给对方必要的准备时间。"本案中，亦没有证据表明郑×曾向俞×良要求履行上述义务。

【启示】 创作作品的公民是作者，著作权属于作者，如无相反证明，在作品上署名的公民、法人或者其他组织为作者。另外，涉案合同为著作权转让协议，双方当事人的权利义务应结合合同目的、内容进行具体判断。实际上双方签订合同的目的是转让涉案作品的著作权，并进行后续的改编演绎和宣传推广。

第七章　有关出版广告的案例

广告是商品经济发展的产物，在商品交换活动中发挥着宣传商品和服务、影响消费者购买决策、传递文化信息、促进市场发育等方面的积极作用。随着我国出版产业的不断发展，读者对出版物消费需求的多样性，越来越多的出版企业认识到出版广告的重要性并参与其中。任何与市场有关的活动，都需要法律、法规进行规范，保证经济活动的有序开展，因此出版广告活动也必须加以规范，以促进出版物市场的健康发展，同时也有利于出版企业经营活动的顺利开展。

【案例1】

一起虚假图书广告投诉案的思考①

【案情】 2015年8月28日，投诉人在山东新华书店集团有限公司某分公司（下称被投诉人）购买了以下5本书：《最好的短篇小说大全集》《这才是中国最好的语文书》（综合分册）、《这才是中国最好的语文书》（散文分册）、《这才是中国最好的语文书》（诗歌分册）、《这才是中国最好的语文书》（小说分册）。

投诉人认为被投诉人出售的上述图书封面上含有绝对化语言“最好”，属于虚假宣传，侵害了消费者合法权益，请求区工商局作出以下处理：一是确认被投诉人售卖的涉案商品为虚假违法宣传产品，二是依据《广告法》予以受理，三是依据《消费者权益保护法》保护消费者合法权益，四是以上请求给予投诉人书面回复。

投诉人所购买的图书封面具体情况如下：

图书一：《最好的短篇小说大全集》

封面最上方一行文字内容为：大师名篇，品读一生；妙笔生花，直

① http：//www.cqn.com.cn/news/minsheng/msrd/1087210.html.

指人心。中间偏上3行较大黑体字是本书的名称。第一行较大：最好的；第二行最大：短篇小说；第三行较小：大全集。第三行字偏右有两行小字标明作者和译者。居中偏下是睡莲图片。图片下为两行较小文字：一次在岁月长河中回味终生的品读之旅，一场与理想、心灵及智慧同席的文学盛筵。书籍是天才留给人类的遗产……最下方居中文字为“××出版社”。

图书二：《这才是中国最好的语文书》（综合分册）

封面上方第一行为较小黑体字：献给所有中学生。接着是两行宋体文字：重建你的知识格局，重整你的文学趣味，重塑你的独立人格，重画你的未来图景。下面接着有6行文字，是选入书中的作者姓名及作品名称。右上两排较小黑体字，说明编著者。居中两行横排红色大字是本书的名称。第一行：这才是中国；第二行：最好的语文书。紧贴“语文书”的“书”字右面是竖排“综合分册”4个黑体字。最下居中红色小字为“××文艺出版社”。

由于《这才是中国最好的语文书》是一套丛书，其他3本分别为小说分册、散文分册、诗歌分册，封面设计与上述综合分册基本相同，在此不一一描述。

【分析】《广告法》第9条规定，广告不得使用“国家级、最高级、最佳”等用语，此案争议焦点在于“书名”究竟是否能够视为广告并适用于《广告法》。

1.《广告法》规范的商业广告范围

《广告法》第2条第1款规定：“在中华人民共和国境内，商品经营者或者服务提供者通过一定媒介和形式直接或者间接地介绍自己所推销的商品或者服务的商业广告活动，适用本法。”虽然《广告法》在附则中对公益广告也作了原则规定，但管理的重点是商业广告。

广告主发布的商业广告是运用一定的媒介作为载体，如广播、电视、报纸、期刊、印刷品等，然后采用文字、图片、视频等方式，对商品的功能、用途等进行宣传推介，以达到促销、引发潜在用户购买欲望的目的。由此可知，商业广告与所要宣传的商品（或服务）是相对分离的，广告是为商品服务的，广告并不是商品本身。

2. 图书的概念及构成要素

图书是以传播知识为目的，用文字或其他信息符号记录于一定形式的材料之上的著作物。

一本书通常由两部分构成：一是外表形式即装帧，书的装帧包括封面、扉页、书脊、版权页；二是内文，包括文字和图片。

封面又叫书皮或封一，记载书名、卷、册、著者、版次、出版社等信息。封面能增强图书内容的思想性和艺术性，在设计上不同于一般的绘画。

3. 投诉人投诉的内容是书名的一部分

虽然被投诉图书在封面都有醒目的“最好”字样，投诉人视其为绝对化用语，并认为构成虚假宣传，但上述文字是作为形容词出现的，作用是修饰后面的“短篇小说”和“语文书”，并与被修饰名词一起构成图书名称。书名作为图书封面的有机组成部分，与其他装帧、书内的文字一起构成一本完整的图书。

书名作为整本书的题目，表达的是作者的核心观点，当然对图书具有介绍功能，一个醒目而突出的名字，对于吸引读者的兴趣、增强购买欲望具有重要作用。至于作者借助这个名字表达的观点是否符合规定，该图书能否出版，出版后是否合法，则应受《著作权法》《出版管理条例》等法律法规约束，不能由工商行政管理机关依据《广告法》去规范管理。

4. 图书内容的判定没有统一标准

图书作为一种商品，其卖点是内容，书名是内容的核心观点。投诉人并没有投诉该图书的纸张质量或印刷质量，而是认为书名中含有的“最好”两字属于绝对化用语，构成虚假宣传，要求工商机关依据《广告法》查处。但《广告法》规范的是商业广告，并非商品本身，商品本身的问题应由《产品质量法》及其他相关法律规范。图书作为一种特殊商品，其外在的纸张、印刷质量应由《印刷业管理条例》规范，内容则由《著作权法》《出版管理条例》规范。

投诉人投诉的内容是书名的一部分，而书名是图书的组成部分。投诉涉及的5本书都是汇编类图书，选入书中的作品大多是经过时间检验比较经典的著作，然后由编者按照特有的逻辑予以编排，最后形成另外一本书。至于这本书是不是最好的学习语文的课外材料，是不是最好的短篇小说集，是没有办法判定的。文学作品的好坏没有统一的确定不变的标准。

5. 图书出版发行中的行政监管职权划分

根据《出版管理条例》第50条第3项的规定，出版物的内容和质量，由出版行政主管部门进行监管；根据《出版管理条例》第51条的规定，出版物的内容、编校、印刷或者复制、装帧设计等方面质量，也由出版行政主管部门实施监督检查。在出版活动中，与工商行政管理机关有关的职权只是与出版主体的注册登记有关。

【启示】书名作为整本书的标题，表达了作者的核心观点，是一本书不可缺少的一部分。当读者选购一本书时，最先看到的就是书名，最易吸引读者、引起其购买欲望的也是书名。然而，图书内容的好坏才是决定一本书销售量的最终因素，作者为了吸引读者眼球，取一个“劲爆”的书名或在书名上使用绝对化语言虽没有违反《广告法》，但是此书是不是“最好的”是无法判定的，不同的人对不同的文学作品有不同的体会和认识，并没有一个固定的标准。一部书的好坏，只能由广大读者判定。

虽说书名与《广告法》无关，但是图书腰封——于图书中间地带另置一条类似腰带的文字介绍——从出版者角度讲是广告的一种形式。图书腰封作为图书发行的促销广告，应受《广告法》约束。因此，使用在腰封上的广告用语应遵循《广告法》规定，避免出现绝对化语言。

【案例2】

图书宣传牛皮吹上天 卖书岂容虚假广告①

最近一套引进版童书的出版引发热议。该书声称“全球销量第一”，上市70年以来累计销售达“7亿册”。与此矛盾的是，该社去年另一套引进版童书《视觉大侦探》刚刚声称“全球销量超过10亿册”。如果两者销售数据无误，那最近这套新书的“全球销量第一”就有悖事实了。

卡内基《人性的弱点》一书，在中国出版时有一句著名广告词是“继《圣经》后的人类历史上的第二大畅销书”。而按照“百度百科”关于该书的条目解释，《人性的弱点》全球总销量达“9 000余万册”。如果《人性的弱点》真的是“人类历史上第二大畅销书”，那么上述两套童书的出版商一定说了谎话。

据观察，近来出版社推出新书，尤其是引进版图书，动辄就是“全球销量第一”“50周高居《纽约时报》畅销图书榜首”“风靡美国70年”，似乎全球最畅销的图书都在中国出版了。

各种眼花缭乱的自相矛盾，都在指向一个很严重的问题：出版社在

---

① http：//app.why.com.cn/epaper/qnb/html/2014-11/05/content_229067.htm？div=-1.

向读者撒谎。这方面，所谓“《纽约时报》畅销书榜”成为谎言的重灾区。在当当网上，声称登陆过“《纽约时报》畅销书榜”的图书就有将近500种在售。但是美国人真的都在抢购这些书吗？有一本书叫《曾经的秘密》，出版社声称该书是“力压《乔布斯传》《达·芬奇密码》，2012年《纽约时报》畅销书榜第一名”。但经查阅2012年《纽约时报》畅销书榜，第一名是《刺杀肯尼迪》，甚至前5名的榜单里都不见《曾经的秘密》这个名字。

【分析】根据《广告法》的规定，在广告活动中必须遵守的规则其中一项是：广告使用数据、统计资料、调查结果、文摘、引用语，应真实、准确，并标明出处。而虚假广告的四种具体情形之一就是“使用虚构、伪造或者无法验证的科研成果、统计资料、调查结果、文摘、引用语等信息作证明材料的”。所谓“《纽约时报》畅销书榜首图书”“全球销量超过10亿册”等，都显然使用了伪造或无法验证的“调查结果”和“统计资料”。一旦发现出版社夸大事实，虚假宣传，那读者完全可以将其告上法庭，维护自己的权益。

【启示】出版社对图书进行推广宣传无可厚非，但是广告发布的首要原则就是真实，这就要求出版企业发布的广告必须是客观真实的，不能提供虚假的广告来欺骗和误导发行商、零售商或是读者，广告的真实性是提高出版企业或出版服务提供商的商业信誉，树立其良好形象的客观要求。《纽约时报》畅销书榜作为阅读风向标，对读者的购买行为会产生影响，借助其进行图书营销推广，必须如实介绍，虚假宣传和夸大事实的行为都不可取。

【案例3】

教科书涉嫌做广告

近日，福州××小学四年级学生方×学习课文《散落的钞票》，突然发现课本中竟然两次出现“麦当劳”，他感到有些奇怪。为此，他在全班同学中发起一个问卷调查，结果显示：30%左右的同学认为，读到这篇文章加深了对麦当劳的认识，还有的同学甚至被“麦当劳”三个字诱惑得直流口水。方×认为这个可以算得上“植入性广告”。他发现，这篇文章作者不详，麦当劳这个词语在文章中也无关紧要，但主人公“我”却对吃“麦当劳”有着很大兴趣，把吃“麦当劳”当作一件很美好的“奖赏”，实质上对“麦当劳”起到了免费宣传的效果。

《××都市报》记者将这一问题反馈给北京××大学出版社（以下简称××出版社）总编室，同时把小学生写给教材主编的信也转给出版社。××出版社基础教育分社主编王先生回复说，出版社对福州方同学的来信非常重视，并马上与教材主编者取得联系。这篇课文的原型是2005年刊登在《北京青年报》上的一则真实新闻。文章所出现的麦当劳、《丁丁历险记》等字眼，本意是为了衬托小主人公的人物品质，绝对没有宣传赞扬品牌的想法，更没有与相关公司联系。他说，教育部对各出版社教材选文有非常严格的规定，××出版社也绝不可能为某些商家做品牌宣传，没想到客观上造成了对品牌的宣传结果，这是编写者当初所没有想到的。新版教材目前正在修订当中，会采纳方同学的意见，取消《散落的钞票》中所提及的品牌名字，并在今后最大限度地避免此类问题造成的误会。

【分析】早在2011年，教育部办公厅发布的《义务教育教科书编印规范》就明确规定，教科书内不得有广告内容。支持出版单位在图书上刊发公益广告，这被业内解读为图书广告受到鼓励的积极信号，但是教科书，尤其是九年义务制教育的教科书，是少年儿童的课本，不能植入任何广告。《广告法》第10条规定，广告不得损害未成年人、残疾人的身心健康；第39条规定，不得在中小学校、幼儿园内开展广告活动，不得利用中小学生和幼儿的教材、教辅材料、练习册、文具、教具、校服、校车等发布或者变相发布广告，但公益广告除外，违反者将根据情节轻重，作出相应的严肃处罚。

【启示】教材中出现广告，第一是对孩子的价值观会产生影响，对孩子来说，尤其是年幼的孩子无法分辨广告和教材中实际教授的内容。如果放开广告，那就不一定能保证科学性、正确性和真实性，也会对教学活动产生一些干扰；第二，出版社从中获利也会影响到图书出版单位的权威性。因此出版单位应该谨慎对待书中的植入式广告，根据图书的内容和阅读对象，有选择性地进行广告植入，对于《广告法》及相关规定中禁止图书上刊发广告内容的情况，自觉遵守。

【案例4】

图书封底刊登广告引发争议

【案情】2012年，《我的儿子马友友》一书出版，该书封底上印着国内某著名家纺企业的名称、标识，并有一句宣传语："如果人生，是一段爱的旅行，母亲的爱，则是这旅程的第一站。"该书出版方江苏××出版社表示这并不是一项出于商业目的的合作，它的公益性质很强，其实是在宣传母爱的伟大，开创了国内图书刊登广告的先例。

首次试水刊登广告业务的《我的儿子马友友》一书的广告代理商是京华××文化传播有限公司；而在其中负责牵线搭桥的，则是中国出版协会，该协会早在2011年就与该公司签订了战略合作协议。此外，中国版协还曾下发通知，鼓励其成员单位参与图书广告业务，利用现有图书闲置的封二、封三、封底、书签、插页、腰封等载体，来刊登公益广告为主要内容的文化传播项目。

京华××文化传播有限公司表示作为广告代理商，该公司会根据出版社提供的书单挑选新书，再根据图书的内容与企业品牌进行匹配。比如《我的儿子马友友》，就能很好地和母爱主题产生联系。这样一方面对企业进行了宣传，另一方面和图书倡导的内容一致。

据中国版协方面介绍，该协会成员单位每刊登一则广告，每册书将获得6~8分钱不等的印刷补贴费。《我的儿子马友友》的责任编辑刘×表示，按照该书的首印量计算，这则广告为出版社带来的印刷补贴费总计只有几百元。

【分析】图书刊发广告，在欧美发达国家和我国的香港、台湾地区早就已经形成了趋势。在图书封底刊发广告，可以科学利用图书闲置的页码资源，在没有增加读者负担的情况下，增加读者消费附加值，也为出版社找到了社会效益和经济效益新的增长点，一举多得。中国出版协会对于图书封底所刊发的公益广告有严格的限定。首先，公益广告绝对不允许体现广告客户的业务范围；其次，公益广告的设计要和图书封面保持一致，套色最多不能超过5种。

【启示】有广告经营权的出版社在法律允许的范围内做公益广告以及与文化相关的商业广告无可厚非，但要制定好规则，选择合适的方式方法。

第八章　有关出版业纠纷解决办法的案例

本章结合案例探讨了出版业内有关著作权纠纷的几种常见解决方式。一般而言，出版业内的纠纷有著作权侵权纠纷和著作权合同纠纷两种类型，解决办法也可按照事件的具体处理情况分为协商、调解、仲裁、诉讼四种。私下里协商、调解并签署的协议，只要不违反国家强制性和禁止性规定，是具有合同效力的，但不具有强制执行效力，而法院主持下达成的调解协议，或者法院的判决和仲裁的裁决，一旦生效，则具有强制执行效力。本章列举了出版业有关著作权纠纷的经典案例，帮助读者更好地理解四种争议解决方式以及各自的利弊。

【案例 1】

姚×与蒋×著作权侵权纠纷案

【案情】 原告姚×就被告人蒋×侵犯其美术作品《兰底白兔》的著作权这一行为向江苏省某人民法院提起上诉。原告于 2014 年 8 月 19 日，发现蒋×位于南通叠石桥国际家纺城北路 17 号的澳鼠门市上生产的一款家纺产品上的图案，与自己的美术作品《兰底白兔》在创作元素、表现手法、排列组合及整体视觉效果等主要方面基本一致，因此认为蒋×侵犯了其著作权，遂向当地版权管理办公室投诉，并现场取证。请求法院判令蒋×：立即停止侵权，赔偿经济损失及合理费用 40 000 元，并承担本案诉讼费用。

在案件的审理过程中，姚×出示了美术作品《兰底白兔》的登记证书，经法院查明，姚×确实享有涉案美术作品的著作权。但被告蒋×称因《兰底白兔》美术作品登记后并未公示，因此本人并不知道该花型为专版作品，自己也认识到了售卖印有“兰底白兔”花样的毛毯对姚×造成的不利影响，因此愿意支付相应的经济赔偿并致以诚恳的歉意。后经双方协商，双方同意自行协商解决此问题。蒋×根据侵权所获利益的实际情况向姚×赔偿3.6万元人民币，并就此侵权行为向姚×致以诚挚的歉意，本案的诉讼费用双方各自承担50%。

最后双方在经济赔偿数额与后期合作等方面达成一致协议，原告姚×也认为自己基本上实现了维护自身合法权益的目的，因此向法院申请撤诉。

【分析】协商也称为和解，是指在争议发生后，就与争议有关的问题进行的商榷，在自愿、互谅的基础上，通过直接对话摆事实、讲道理，分清责任，达成和解协议，使纠纷得以解决的活动。出版业中，书业企业之间发生纠纷后，协商是一种快速、简便解决争议的有效方式，对于双方而言它都不失为一种理想的纠纷解决途径。事实上，出版业纠纷中大量的权益争议都是通过协商来解决的。如本案中，原告虽已向法院提起诉讼，鉴于法庭审判手续繁杂、费用高，在自身利益基本得到满足时，便会倾向于选择与被告庭外进行协商的方式来解决纷争。

【启示】人们追求的是自己的合法权益得到保护不受侵害，因此若能采取在和气的氛围中进行协商，相互谅解，不仅可以减少较为繁杂的法律程序，也可节省大量的交易费用，更有利于侵权问题的快速解决。

【案例2】

景德镇甲实业有限公司与景德镇乙陶瓷有限公司侵犯作品复制权、发行权纠纷案

【案情】原告景德镇甲实业有限公司（以下简称甲公司）是著名陶瓷品牌“美鑫”的知识产权权利人。2010年4月28日，原告将其独立设计创作完成的“飞天系列设计图”在国家版权局进行了著作权登记，登记证号为2010-F-028379，该登记中包括MX02108号作品。2012年7月，原告发现陕西丙酒业公司在其网站上销售以“飞天系列”之MX02108号作品为酒瓶的白酒，经深入调查发现，该酒瓶系景德镇乙陶瓷有限公司（以下简称乙公司）设计、生产并销售。乙公司的侵权行为侵害了甲公司的合法权益，应当承担相应的民事责任；而陕西丙酒业公司未经许可，销售原告享有著作权的产品，也应当承担相应的民事责任。故景德镇甲实业有限公司将景德镇乙陶瓷有限公司以及陕西丙酒业公司诉至法院，要求其停止侵权、赔礼道歉、赔偿损失。

案件在审理过程中，乙公司以及陕西丙酒业公司认识到其侵权行为对甲公司造成的不利影响，双方均向甲公司表达了诚恳的歉意，乙公司立即停止生产、销售侵犯甲公司享有的名称为“飞天系列”之MX02108美术作品著作权的产品，销毁侵权产品及专用模具，并赔偿甲公司经济损失10万元。陕西丙酒业公司立即停止销售以“飞天系列”之MX02108号作品为酒瓶的白酒，但不承担赔偿责任。此后，甲公司认为自己的权益基本上得到了维护，并于2013年8月撤诉。调解结束后，甲、乙两公司有意开展进一步的合作关系，“飞天系列”的图案作品应用到更多的产品设计中，实现双方的合作互助、共同盈利。

【分析】本案中原告与被告达成协商和解之后，并就今后的商业合作进行了商议，将原来不正当的侵权行为转化为正当的商业合作。由此可知，对于侵权纠纷案件，采取协商的手段不仅有助于问题的快速解决，更能促进当事人双方的彼此了解，进而创造良好的商业合作机会。

【启示】选择协商的方式来处理出版业纠纷，不仅可以保障在解决问题的基础上不伤双方的和气，还能增进彼此的了解和友谊，为今后更好的合作创造条件。

【案例3】

周×与谢×著作权侵权纠纷案

【案情】周×是一名文艺工作者，平日里喜欢进行文学创作，他花费了一年的时间，以自身的游历过程和对生活的独特体验为主题完成了散文集《生命的真谛》，初定2014年12月由湖北××出版社出版。2013年11月，周×将《生命的真谛》书稿纸质文本交付陈×，委托其对书稿进行校对，并约定修订校对工作完成后周×将支付劳务费3 300元给陈×。陈×出具了一份承诺书，承诺未经周×同意保证不擅自发表涉及与《生命的真谛》书稿内容有关的文章、著述，如违反上述承诺，陈×除一次性赔偿周×100 000元损失外，还自愿承担一切法律责任和法律后果。但就在2013年7月，陈×将其持有的书稿改名为《向阳花开》，并于2013年7月由××文艺出版社出版。周×本想将陈×的侵权行为诉诸法院，但鉴于《向阳花开》这本书公开发售时间不久，陈×的侵权行为尚未造成自己严重的经济损失，并且念及两人的亲友关系，故委托当地一家知名律师事务所对此事进行调解。经律师事务所相关负责人员的调解，双方当事人自愿达成如下协议：

(1) 文学作品《生命的真谛》是周×创作的，著作权属于周×；

(2) 陈×出版《向阳花开》的行为侵犯了周×的著作权，陈×应立即联系出版社停止侵权行为；

(3) 周×自愿放弃要求陈×赔偿经济损失及合理费用，放弃要求陈×公开赔礼道歉；

(4) 此案调解后，若陈×再出现类似的侵权行为，被告须在《××日报》上公开向周×赔礼道歉，并按照具体情况赔偿周×一定的经济损失；

(5) 本案调解费200元，由陈×负担；

(6) 本协议双方当事人签字即生效。

【分析】 调解是指双方或多方当事人就争议的实体权利、义务，在人民法院、人民调解委员会及有关组织主持下，自愿进行协商，通过教育疏导，促成各方达成协议、解决纠纷的办法。无论发生著作权合同纠纷还是著作权侵权纠纷，双方当事人都可到著作权行政管理机关、人民调解委员会或者双方当事人信任的其他行政机关、个人处进行调解。因调解的主体不同，可分为民间调解、仲裁机构调解、法庭调解等。选择调解方式时，应该考虑事件本身给当事人带来的影响等问题。在本案中，由于双方当事人本存在友好关系，非必要时不宜在公众面前撕破脸皮，有损彼此声誉，故选择民间调解中的律师事务所来私下解决此事，而不是闹上法庭。要注意的是民间调解中的第三方含义比较广泛，它不但包括人民调解委员会的调解、律师事务所的调解、法律援助机构的调解、行业协会的调解等，另外还包括以个人身份进行的家族调解、亲友的调解、邻里之间的调解等。

【启示】 无论是由哪一方主持的调解，都是针对当事人双方无法私了的纠纷所引进的第三方争议解决方式。就解决问题的过程来看，调解比仲裁或者诉讼具备更大的优势，调解程序简单灵活，费用相比而言较低，气氛友好，不伤和气，仲裁机构和人民法院的调解，不但时间上可能要更长，而且当事人也要缴纳一定的费用。因此在调解方的选择上要考虑当事人双方以及争议的具体情况做出决定。

【案例 4】

中国甲财政经济出版社诉广西南宁乙图书有限公司侵害出版权纠纷案

【案情】 原告中国甲财政经济出版社（以下简称甲出版社），是财政部中国会计资格评价中心、中国注册会计师协会授权出版会计资格考试、注册会计师考试类图书的出版社，拥有2014年度全国会计专业技术资格考试督导教材图书的专有出版权。该类考试用书历年来均为畅销图书。2014年6月16日，甲出版社发现被告广西南宁乙图书有限公司（以下简称乙图书公司）在其位于南宁市新民路商铺的经营场所内，公开销售该考试用书系列之《财务管理》的侵权复制品。甲出版社认为，乙图书公司的上述行为侵害了自己的著作权相关权利，并造成了一定的经济损失，依法应承担侵权责任。为此，甲出版社特向广西壮族自治区南宁市某人民法院提起诉讼，请求判令乙图书公司赔偿自己经济损失15 000元（包括相应的合理开支），并判令乙图书公司承担本案的全部诉讼费用。被告乙图书公司承认了自己的侵权事实，愿意承担一定的经济赔偿，但被告辩称：该书不是被告主动进货，而是别人拿到被告店面，且被告在没见过正版前也不知道该书是否是盗版，所以被告不存在故意侵权行为。另外，原告的赔偿数额明显过高。综上，请法院驳回原告的诉讼请求。

本案在审理过程中，经法院主持调解，双方当事人自愿达成如下协议：

（1）被告乙图书有限公司向原告甲出版社支付包括经济损失及制止侵权的成本支出在内的赔偿款3 600元，该款定于2015年8月18日前一次性付给原告，超过20日，则赔偿原告10 000元。

（2）被告乙图书有限公司承诺对调解协议内容及调解金额保密，如果被告让其他同行获知调解协议内容，则赔偿原告30 000元。

本案受理费175元，减半收取87.50元，由被告乙图书有限公司承担（该款随同上述赔偿款一并支付给原告），余款87.50元本院退回给原告。本调解书经双方当事人签收后，即具有法律效力。

【分析】 和解协议是双方在第三方介入调解后自行协商自愿达成的解决问题的协议，经双方或有效授权的代理人共同签署，且其内容不得违反中国相关法律或行政法规的强制性规定，对双方当事人均有一定的约束力。效力不同是民间调解和人民法院调解最大的区别，在我国，民间调解一般不具有强制执行效力，如案例3中由律师事务所调解所达成的协议，经由当事人双方自愿遵守，但在一般情况下，可以作为证据材料。调解达成一致后，制作调解协议书，双方当事人应该履行调解协议书约定的权利和义务，但调解协议书不具备强制执行力。而法庭调解达成的调解协议书与判决书一样具备法律效力。本案中经由法院调解甲出版社和乙图书公司所达成的调解协议，当事双方是必须要遵守的。

【启示】出版纷争的严重性及其解决的难易程度也是当事人选择第三方调解人的重要考虑因素。一般侵权案件情节较轻的，若有把握通过民间调解达成协议并自愿履行协议中规定的条款，民间调解将会是最为快速、适宜的调解方式；若案件尚未达到需要起诉才能解决的程度，但却需要一定的法律保障用强制力约束双方当事人，那么就应该倾向于选择仲裁机构和法院调解。

【案例5】

图书经销合作协议纠纷案

【案情】2013年11月10日，湖南省甲图书发行公司（以下简称甲公司）与北京市乙出版社签订了图书经销合作协议，约定由甲公司在湖南省内对双方协议中的合作发行图书进行市场推广，乙出版社向甲公司支付相应的推广服务费用。

签订协议后，通过甲公司的工作，截至2014年6月30日，为乙出版社在湖南销售了45.79万册该图书，根据签订协议的计算方式，乙出版社应支付甲公司17.32万元的服务费用。但是在甲公司开具了相应的服务费用发票后，乙出版社却一直拖延支付服务费用。在甲公司的多次要求下，乙出版社仅支付了其人民币7.72万元，尚欠人民币9.6万元未付。甲公司多次书面催讨，但乙出版社均置之不理或以各种理由拒绝付款，为此，甲公司将此事提请仲裁委员会仲裁。2014年8月22日，乙出版社收到仲裁委员会裁决书，仲裁委员会根据甲公司提供的经销合作协议以及实际的履行情况证明，认为甲公司的请求符合协议内容，据此裁定：

（1）乙出版社向甲公司支付服务费9.6万元人民币；

(2) 因未按前述约定时间及数额及时和全额支付，乙出版社加付款项3.2万元作为违约补偿费用，即应付总款项变更为人民币12.6万元。

(3) 仲裁费用，双方各自承担50%。

【分析】 仲裁是指买卖双方签订书面协议，自愿将纠纷提交双方所同意的，由非司法机构的仲裁员组成的仲裁庭进行裁判以解决纠纷的一种方式。仲裁机构和法院不同，法院行使国家所赋予的审判权，向法院起诉不需要双方当事人在诉讼前达成协议，只要一方当事人向有审判管辖权的法院起诉，经法院受理后，另一方必须应诉。仲裁机构通常是民间团体的性质，其受理案件的管辖权来自双方协议，没有协议就无权受理。仲裁协议有两种形式：一种是在争议发生之前订立的，它通常作为合同中的一项仲裁条款出现；另一种是在争议发生之后订立的，它是把已经发生的争议提交仲裁的协议。本案中，甲公司则是根据当初合同中双方签订的仲裁条款而得以将此争议提交仲裁。这两种形式的仲裁协议，其法律效力是相同的。与法官判决和陪审制度不同，仲裁制度在判定违规行为时使用改正和赔偿。在仲裁结束后，仲裁员的裁定是最终的，如果任何一方不满，都不能反悔或提起诉讼。只有很少的情况可能改变。

【启示】 仲裁实行一裁终局制，仲裁裁决一经仲裁庭作出即发生法律效力，这使得当事人之间的纠纷能够迅速解决，相比于诉讼，既快捷又经济。因此在处理出版业纠纷时，仲裁不失为一种恰当的问题解决方式。

【案例6】

图书委托创作纠纷案

【案情】 2012年3~12月，某大学创意写作专业的学生甲、乙、丙、丁4人受校外某专科补习班老师贾×的委托，帮助撰写《小说写作：艺术与技巧》一书，整本书共7章24小节，由4人分工完成。书稿撰写完成后，贾×支付4人各1 000元作为报酬，但是此书出版后，署名为贾×的个人创作。甲、乙、丙、丁4人认为他们一起合作完成了此书，应该对此书享有著作权，有权在该书上署名，而贾×虽然主持该书的创作过程，提供了一些资料和建议，但并没有实际参与写作，因此不能享有该书的著作权。贾×认为，自己委托4位学生帮助写作，并在事后支付4位学生一定的报酬，再者此书的创作思路与框架都是自己设定的，因此自己对此书享有著作权。4位学生最终和老师贾×就此事达成了仲裁协议，提交当地仲裁机构申请仲裁。

仲裁机构认为，虽然贾×在此书的创作过程中提供了一定的资料和建议，但并没有通过自身的智力活动直接产生文学作品，因此此种指导行为不属于创作行为。此外，该书是甲、乙、丙、丁4人受贾×委托完成的作品，即该书为委托作品，其著作权的归属应当由4位学生和贾×通过委托合同予以约定，但是在该书编写前后，甲、乙、丙、丁4人与贾×之间并没有就该书著作权的归属达成协议，因此该书的著作权应属受托人甲、乙、丙、丁4人所有。

仲裁机构据此裁决：《小说写作：艺术与技巧》一书的著作权为甲、乙、丙、丁4人共同享有；贾×应该立即停止侵权行为；本案的仲裁费用共计256元，由双方当事人共同承担。

【分析】仲裁中的诸多具体程序都是由当事人协商确定与选择的，异于诉讼和审判，也异于强制调解，需要双方自愿，是一种自愿型公断。根据我国的仲裁法规定，仲裁机构的人员都是由具有一定专业水平和能力的专家担任的，因此，出版领域的各种纠纷通过专家裁判更能够体现专业权威性，保障仲裁的公正性。如在本案中，若仲裁人员并不熟识著作权中“委托作品”的相关知识，则无法作出最为公正明理的裁决。此外，仲裁以不公开审理为原则，也表现出了极强的保密性，能在案件裁决过程中不泄露与案件有关的商业信息，或者当事人为维护自身名誉不愿公之于众的个人信息。

【启示】由相关领域的专家学者担任仲裁员，能够公平地处理出版纠纷，更好地维护双方当事人各自的合法权益。此外，在出版行业纠纷中，采用仲裁这种争议解决方式，除了能够快速解决问题，极强的保密性及自愿性也占据极大的优势，更能体现当事人的意思自治原则。

【案例7】

朱×诉××教育出版社著作权权属、侵权纠纷案

【案情】原告朱×于2014年7月31日就××教育出版社侵害其著作权行为向河南省郑州市中级人民法院提起诉讼，请求判令：（1）××教育出版社停止出版、发行侵犯朱×享有著作权的侵权刊物并销毁，同时在全国性媒体上赔礼道歉；（2）××教育出版社赔偿朱某损失及

合理开支10 000元；(3) ××教育出版社承担本案的诉讼费用。

××教育出版社出版并发行的《疯狂作文·高考冲刺专号①2013高考作文押题热点素材》中《习近平拒绝“中国式过马路”》以及《莫言：用耳朵阅读》两篇文章中使用了朱×享有著作权的漫画作品，但未署其姓名。另查明，涉案侵权书刊《疯狂作文·高考冲刺专号①2013高考作文押题热点素材》定价为12.80元。

法院认为：(1) 本案中涉及的漫画作品《中国式过马路》及《莫言获奖》均署名作者为朱×，××教育出版社未提交相反的证据证明权属问题，因此，朱×对涉案美术作品享有著作权，该权利应受法律保护。(2) 由××教育出版社出版发行的《疯狂作文·高考冲刺专号①2013高考作文押题热点素材》一书中使用了涉案漫画作品，且未署作者姓名，侵犯了朱×的署名权、复制权及获得报酬权。

依照《中华人民共和国著作权法》相关条例，法院最终判决：

(1) ××教育出版社于判决生效之日起立即停止使用朱×享有著作权的《中国式过马路》及《莫言获奖》漫画作品；

(2) ××教育出版社于判决生效之日起30日内在《大河报》上刊登致歉声明，公开向朱×赔礼道歉，内容需经原审法院审定。若逾期不履行，原审法院将在相关媒体上公布判决内容，费用由××教育出版社负担；

(3) ××教育出版社于判决生效之日起10日内赔偿朱×经济损失1 200元；

(4) 驳回朱×的其他诉讼请求。如果未按判决指定的期间履行给付金钱义务，应当依照《中华人民共和国民事诉讼法》第253条之规定，加倍支付迟延履行期间的债务利息。本案案件受理费50元，由朱×负担35元，××教育出版社负担15元。

判决作出后，双方当事人不服，分别向河南省高级人民法院提起上诉。法院于2015年6月30日受理后，依法组成合议庭进行了审理。在审理过程中，朱×、××教育出版社以双方达成和解协议为由分别向法院提出撤回上诉申请，朱×同时申请撤回一审起诉。

法院经审查认为，朱×、××教育出版社申请撤回上诉及朱×申请撤回一审起诉是对自己诉权的处分，意思表示真实，且不损害国家利益、社会公共利益和他人合法权益，应予准许。因朱×申请撤回起诉，致使原审失去裁判的前提，原审判决应予撤销。依照《中华人民共和国民事诉讼法》第173条、第175条，《最高人民法院关于适用的解释》第338条之规定，裁定如下：

（1）准许朱×、××教育出版社撤回上诉；

（2）撤销河南省郑州市中级人民法院（2014）郑知民初字第982号民事判决；

（3）准许朱×撤回起诉。

一审案件受理费50元减半收取25元，由朱×负担；二审案件受理费100元减半收取50元，由双方当事人各负担25元。

本裁定为终审裁定。

【分析】诉讼，是指争议双方当事人为了解决纠纷向人民法院提出请求，由人民法院依法作出判决，以解决纠纷的方式。诉讼实行两审终审制，即一审法院作出判决后，当事人如不服，可以依法以口头或者书面形式提出上诉。上诉是指当事人对人民法院所做的尚未发生法律效力的一审判决、裁定或评审决定，在法定期限内，依法声明不服，提请上一级人民法院重新审判的活动。待二审法院审理后作出的判决才是最终判决，才发生法律效力。本案例中原告朱×向其所在地的河南省郑州市中级人民法院提起诉讼，并在一审判决后再次向河南省高级人民法院上诉，该案件以二审判决作为最终的审判结果。此外，法律规定，在二审法院审理案件过程中，上诉人有权撤回上诉，上诉人一经撤诉，便丧失了上诉权，不能再提起上诉，并要负担相应的费用。朱×在二审过程中，因与被告人在庭外达成和解，便申请撤回了上诉申请，连带一审判决也失去了法律效力。

【启示】不同于“一裁终局制”的这种争议解决方式，就出版争议而言，诉讼中当事人不服第一审的判决或裁定，依法向一级法院提请重新审理的上诉制度，有利于保证人民法院的判决、裁定准确无误，准确及时地打击侵权行为，也有利于保障当事人的合法权益。

【案例8】

西安甲影视与曲江乙影视著作权侵权纠纷案

【案情】西安甲影视与曲江乙影视签订的联合摄制电影《纺织姑娘》协议及补充协议约定：该影片所形成的权利，按其实际投资比例共有；署名由双方决定。协议签订后，曲江乙影视制作的户外广告标明：影片由曲江某文化公司、曲江乙影视、西安甲影视联合投资；在醒目位置载有曲江乙影视荣誉制造；电影海报宣传标明出品人周×嘉。但西安甲影视认为，曲江乙影视未经其同意，在对外宣传的海报上将出品人周×嘉、王×变更为周×嘉；在户外广告中将西安甲影视列为联合投资单位，且放在联合投资的最后一位，在广告醒目位置标注曲江乙影视荣誉制作，其行为侵犯了西安甲影视对涉案影片的著作权，故诉至法院。请求判令：停止发放、收回并销毁其制作和发布的《纺织姑娘》的海报及户外广告；公开赔礼道歉；赔偿损失50万元。

法院经审理认为：(1) 西安甲影视作为涉案影片联合摄制人，享有著作权；(2) 曲江乙影视公司未经同意，在户外广告和宣传海报上，未明确西安甲影视系涉案影片的联合摄制人，亦未署名西安甲影视王×为影片出品人，虽属不当，但该行为不属于侵害著作权法意义上的署名权行为；(3) 基于曲江乙影视公司在户外广告及宣传海报上的不当行为，给西安甲影视造成一定影响，对此曲江乙影视应承担相应的赔偿责任。2011年12月6日，法院判决：曲江乙影视赔偿西安甲影视2万元；驳回西安甲影视其他诉讼请求。

宣判后，当事人均未上诉，本案已发生法律效力。

【分析】诉讼是由国家司法机关——人民法院行使审判权，具有明显的国家意志属性，一般要按照民事诉讼法规定的级别管辖、地域管辖执行。双方当事人发生争议后，只要一方当事人向有管辖权的法院起诉，法院就应受理，另一方必须应诉，涉事双方以原告与被告的身份参与案件审理。同时民事判决、裁定一旦作出，就具有了法律效力，当事人必须履行，不在指定期间履行的可采取强制执行的方式。

【启示】诉讼是一种最为公正、有效的出版业纠纷解决方式，也是出版业最为常见的一种纠纷解决方式，它对于保护公民、法人和其他组织的合法权益具有巨大的意义和作用，有利于提高公民的法治意识，以法律武器维护自身的著作权不受侵害。出版业的法制建设离不开良好的诉讼制度与诉讼活动。

第九章　有关诉讼时效法律规定的案例

【案例1】

方×与上海××出版社有限公司返还原物纠纷案①

【案情】原告方×诉被告上海××出版社有限公司返还原物一案，于2011年12月由上海市普陀区人民法院公开开庭进行了审理。

原告方×诉称：被告于1982年2月出版鲁迅小说《某》连环画，原告系该连环画的唯一画稿人。为摄像、制版、出版等目的，原告将该连环画的原稿画作交付给被告。《某》连环画出版后，被告始终未向原告归还原稿画作。2010年8月31日、2011年6月1日上海美术馆代表原告致函被告，请求被告归还原稿。2011年6月15日原告本人亲自致函被告，请求被告归还原稿。2011年7月29日，原告委托律师致函被告，要求返还原稿。但被告既未给予答复，又未归还原稿。据原告了解，被告在管理画作原稿方面虽有制度，但执行中出现了严重失误和渎职行为，有多位画家的画作原稿难以索回，甚至部分原稿被被告单位工作人员的家属非法占有。原告起诉要求被告返还《某》连环画原稿共计32幅。

被告上海××出版社有限公司辩称：被告作为一家出版单位，接收画家稿件会出具相关收据，根据谁主张谁举证的原则，原告应当提供收据证明被告收到原告画作原稿且未归还的事实，但原告对此无法举证。《某》连环画于1982年出版，诉讼时效应从1982年起算，原告时隔近30年才提起诉讼，显然已超过2年的诉讼时效，也超过20年的最长保护期限。因原告的起诉缺乏事实和法律依据，故被告要求驳回原告诉请。

经审理查明：原告根据作家鲁迅的名著《某》改编绘画完成32幅

① http：//caseshare.cn/full/118451545.html.

连环画，并将该作品交付被告出版，双方未签订书面的出版合同。1982年2月，被告第一次出版由原告绘画的《某》连环画一册，开本787×1092，印数为2 000册，新华书店上海发行所发行，统一书号为8081·×××××，定价2.20元。2010年8月起，原告亲自或委托上海美术馆，或委托律师发函给被告，要求被告退还原稿。被告收函后未予答复，原告遂起诉来院要求处理。

法院认为，《中华人民共和国民法通则》（简称《民法通则》）规定的诉讼时效，其所适用的权利保护客体为债权权利。本案中，原告诉请为要求被告返还原稿，该请求是基于原告对其创作画作的有形载体物所享有的物权及其权利行使而形成的请求权，由于物权不同于债权，具有对世性和绝对性，故原告基于物权而主张返还原物，并不适用《民法通则》相关诉讼时效的规定。退一步讲，即使按照《民法通则》诉讼时效的相关规定，被告认为原告诉请已超过诉讼时效的抗辩主张也不能成立。

【分析】根据《民法通则》第135条规定："向人民法院请求保护民事权利的诉讼时效期间为2年，法律另有规定的除外。"第137条规定："诉讼时效期间从知道或者应当知道权利被侵害时起计算。但是，从权利被侵害之日起超过20年的，人民法院不予保护。有特殊情况的，人民法院可以延长诉讼时效期间。"

上海××出版社有限公司是一家专业出版机构，且对于画稿的保管制定了严格的规定，被告作为出版机构在完成出版后，如未有其他相关合作意向的，应及时通知画家取回原稿，并在出版期间及时将原稿退还原告之前负有为原告保管原稿义务，但被告一直未通知原告取回原稿，也未通知原告原稿的保管情况。2010年8月起原告多次发函要求被告退还原稿，但被告未作任何答复。2011年10月原告向法院起诉，诉讼期间被告明确表示《某》连环画原稿不在被告处。原告发函要求被告退稿，被告未予答复，至此原告应当知道其权利受到侵害，诉讼时效从此时起算至原告起诉之日，未超过法律规定的2年诉讼时效期间；由于被告对保管原告画作原稿情况并不清楚，直至诉讼期间才称原告原稿不在其处，故原告的起诉也没有超过20年的保护期间。

【启示】作品的原件凝结着作者的心血与付出，对于作者来说十分珍贵。良好的作者资源对于出版社至关重要，出版社应该正确处理与作者的关系，尊重作者的作品，维护作者的权益。方×原本是上海××出版社有限公司的老客户，一直保持良好的合作关系，2011 年还出版了新书。而出版社却没有很好地保护作者的作品原稿，甚至为此事闹上了法庭，不仅失去了一个优秀的作者资源，还损害了自身的名誉。

【案例 2】

甲书局股份有限公司诉乙文艺出版社有限公司等侵害作品复制权、发行权纠纷案①

【案情】原告甲书局股份有限公司（以下简称甲书局公司）诉被告乙文艺出版社有限公司（以下简称乙出版社）、丙传媒集团有限公司（以下简称丙传媒公司）等著作权侵权纠纷一案，于 2015 年 3 月由上海市黄浦区人民法院公开开庭进行了审理。

原告甲书局公司诉称，《美的历程》文字作品的作者为李泽厚。1994 年 8 月 20 日，李泽厚与原告签署了《著作财产权让与契约》，将包括《美的历程》在内的 10 部文字作品的全球中文版著作权转让给原告，原告成为《美的历程》全球中文版著作财产权的合法权利人。1996 年 12 月 13 日，原告在台湾地区对《美的历程》文字作品进行了著作权登记。2010 年 9 月 27 日，原告在中国大陆地区亦对该书进行了著作权登记。2010 年 6 月，被告乙出版社、被告丙传媒公司未经原告授权，擅自出版发行了《美的历程》单行本和包含有《美的历程》作品内容的《学生三书》。2010 年 11 月 25 日，原告在被告丙传媒公司处购买了上述《美的历程》和《学生三书》。2013 年 12 月 25 日，原告通过被告博库网再次购买到上述《美的历程》。原告认为其依法享有《美的历程》文字作品的著作财产权，三被告未经原告授权，擅自出版、发行含有《美的历程》作品的图书，侵犯了原告的著作财产权，故诉至法院，请求判令：（1）被告乙出版社、被告丙传媒公司立即停止对原告享有著作权的《美的历程》文字作品的出版发行行为，被告丙传媒公司立即停止对《美的历程》作品的销售行为；（2）三被告向原告公开赔礼道歉、消除影响；（3）被告乙出版社、被告丙传媒公司共同赔偿原告经济损失及维权支出的合理费用共计人民币 100 000 元。

① http：//caseshare.cn/full/126441768.html.

被告乙出版社辩称，原告取得的是李泽厚《论著集》的著作财产权，并不享有《美的历程》作品的著作财产权，其出版发行《美的历程》作品是得到作者李泽厚的合法授权的，其与李泽厚的代理人签订有出版合同，尽到了出版者的注意义务，没有侵犯原告的著作权。原告购买被控侵权图书的时间在2010年11月25日，本案也已超过了2年的诉讼时效期间。由于被告未侵犯原告的著作财产权，不应承担侵权的民事责任，请求法院驳回原告的诉讼请求。

后经查明，甲书局公司受让的《李泽厚论著集》包括《华夏美学》《美的历程》等10部单独作品。

被告乙出版社、被告丙传媒公司认为，原告曾就本案向上海市第二中级人民法院提起诉讼，并于2011年11月4日撤诉。2014年3月7日，原告就本案重新提起诉讼时，已经超过了2年的诉讼时效期间。原告认为，其就本案确曾提起诉讼后撤诉，但其收到民事裁定书的日期是2011年11月16日。2013年10月，原告就本案再次提起诉讼，并未超过诉讼时效。

法院认为，原告在2010年11月25日知道其权利被侵害，在诉讼时效期间向上海市第二中级人民法院提起诉讼，诉讼时效在提起诉讼之日即2011年2月9日中断。后原告申请撤诉，法院准许原告撤诉的民事裁定虽于2011年11月4日出具，但该裁定书送达原告之日为2011年11月16日，诉讼时效应从裁定书送达之日起重新计算。原告于2013年11月11日向法院提交起诉状时，并未超过诉讼时效。因此，对被告乙出版社、被告丙传媒公司提出的本案已超过诉讼时效的辩解意见不予采信。

【分析】根据《民法通则》第135条规定："向人民法院请求保护民事权利的诉讼时效期间为2年，法律另有规定的除外"；第137条规定："诉讼时效期间从知道或者应当知道权利被侵害时起计算。但是，从权利被侵害之日起超过20年的，人民法院不予保护。有特殊情况的，人民法院可以延长诉讼时效期间。"第140条规定："诉讼时效因提起诉讼、当事人一方提出要求或者同意履行义务而中断。从中断时起，诉讼时效期间重新计算。"《最高人民法院关于审理民事案件适用诉讼时效制度若干问题的规定》第12条规定："当事人一方向人民法院提交起诉状或者口头起诉的，诉讼时效从提交起诉状或者口头起诉之日起中断。"

原告购买被控侵权图书的时间在2010年11月25日，表明原告在此时知道了侵权的事实，于2011年2月9日向上海市第二中级人民法院提起诉讼。根据《民法通则》第140条："诉讼时效因提起诉讼、当事人一方提出要求或者同意履行义务而中断。从中断时起，诉讼时效期间重新计算。"因此，新的诉讼时效，从原告收到法院裁定书之日算起，即2011年11月16日，按照诉讼时效期间为2年的规定，原告的诉讼时效应该在2013年11月16日失效。原告在2013年11月11日向法院起诉，在2年的诉讼时效内，并未超过诉讼时效。

【启示】出版业的实践中常常会涉及诉讼时效问题，要想更好地维护自己的合法权益，出版社、作者都应该知道或者应该明确知晓，当自己的权利被侵害时尽可能迅速地向法院起诉，充分利用诉讼时效来维护自己的权益。如果怠于行使，就会失去维护权益的机会。

【案例3】

甲影视发行有限公司诉乙电视台侵害作品广播权纠纷案①

【案情】原告甲影视发行有限公司与被告乙电视台侵害作品广播权纠纷一案，于2015年2月由吉林省吉林市中级人民法院分院公开开庭进行了审理。

原告甲影视发行有限公司系知名电影作品《河东狮吼（我家有只河东狮）》的著作权人，在中华人民共和国（不包括台湾地区、香港及澳门特别行政区）范围内独占性享有电视广播权及与之相关的转授权权利和维权权利。2011年9月20日，被告未经原告许可，通过其所有的公共频道非法传播了原告享有著作权的电影作品《河东狮吼》，并通过上述行为获得了相应的非法收益。原告认为被告的行为已经违反了《中华人民共和国著作权法》等相关法律法规的规定，侵犯了原告的著作权，给原告造成了重大的经济损失。为此，原告根据国家法律规定，特向法院提起诉讼，请求：（1）判令被告立即停止侵权，即未经原告许可，不得再次通过其所有的任何频道播放涉案电影作品《河东狮吼》；（2）判令被告立即赔偿原告经济损失20 000元；（3）判令被告

① http：//caseshare. cn/full/125836472. html.

承担原告为制止侵权所产生的相关合理费用 5 000 元；(4) 判令被告承担本案的全部诉讼费用。

据央视市场研究股份有限公司 2011 年 12 月 29 日出具的《电视台节目播放监播报告》，证实其监播结论为乙电视台的公共频道于 2011 年 9 月 20 日播放了电影《河东狮吼》。原告此时已知道被告播放电影《河东狮吼》行为构成侵权，并委托某律师事务所于 2012 年 12 月 6 日 17 时用 EMS 邮政特快专递向被告邮寄律师函形式主张权利，要求被告不得再次传播涉案电影作品（附件含《河东狮吼》等 4 部影片），就已发生的侵权行为向原告书面致歉并赔偿经济损失。但该律师函 EMS 邮政特快专递邮件（邮件号码：ER613463992CS）邮政官网查询单显示被告没有收到并被退回。

被告乙电视台辩称，本案已过诉讼时效。原告于 2011 年 9 月 20 日监播到被告播放了涉案电影《河东狮吼》，于 2014 年 9 月 17 日向法院递交起诉状，依据民法通则第 135 条的规定，原告的诉请已明显超过诉讼时效期间，请求人民法院应依法予以驳回其诉讼请求。

依照《中华人民共和国民法通则》第 135 条，《中华人民共和国民事诉讼法》第 64 条第 1 款，《最高人民法院关于民事诉讼证据的若干规定》第 2 条之规定，法院驳回原告甲影视发行有限公司的诉讼请求。

【分析】根据《民法通则》第 135 条规定："向人民法院请求保护民事权利的诉讼时效期间为 2 年，法律另有规定的除外。"第 138 条规定："超过诉讼时效期间，当事人自愿履行的，不受诉讼时效限制。"诉讼时效完成所消灭的是实体意义上的诉权。诉讼时效完成后，权利人即丧失了获得诉讼救济的权利，从而使自己的权利失去了法律的保护。此时权利人虽有程序意义上的诉权，也可向人民法院提起诉讼，但是，除有延长时效的正当理由外，一般难以胜诉。

原告甲影视发行有限公司于 2011 年 9 月 20 日监播到被告播放了涉案电影《河东狮吼》，2012 年 12 月 6 日 17 时用 EMS 邮政特快专递向被告邮寄律师函形式主张权利，然而快递却没有送到。即此时原告主张权利的意思表示未到达债务人被告，诉讼时效期间未发生中断。此后，原告应在诉讼时效期间内继续邮寄律师函或采取其他补救措施以及提起诉讼及时主张权利，而原告却怠于行使权利，致使其本案诉请超过法定诉讼时效期间，使本案原告享有权利也丧失了胜诉权。

【启示】 甲影视发行有限公司作品广播权的确受到了乙电视台的侵犯，如果按照法律程序进行申诉，一定可以获得胜诉。然而，原告未能行使权利，从2011年9月20日发现侵权到2014年9月17日起诉有3年的时间，原告明知律师函没有到达，却未能及时采取补救措施，怠于行使权利，最终丧失了胜诉权，不利于自身权益的维护。

【案例4】

北京甲影视制作有限公司与四川乙电影频道管理有限公司侵害作品广播权纠纷案①

【案情】 原告北京甲影视制作有限公司（简称甲影视公司）诉被告四川乙电影频道管理有限公司（简称乙电影频道）侵害作品广播权纠纷一案，于2015年4月15日由成都高新技术产业开发区人民法院公开开庭进行了审理。

原告北京甲影视制作有限公司系知名电影作品《街头赌圣》的著作权人，依法享有其著作权。原告经查证发现，被告未经原告许可，于2011年12月27日通过其所有的电影频道非法传播了该电影作品并获取非法收益，侵犯了原告的著作权，给原告造成了巨大的经济损失。

2011年12月27日，原告委托央视市场研究股份有限公司（简称央视公司）通过电脑录制的方式对四川乙电影频道播放电影《街头赌圣》过程进行了监播，利用电脑接收电视信号，将电视台的播放过程保存为视频文件，并固定在附件封存的光盘中。央视公司于2012年4月6日对此出具《电视台节目播放监播报告》（编号：201111、227-2），其监播记录载明：四川乙电影频道于2011年12月27日播放了电影《街头赌圣》。

2013年6月17日，浙江某律师事务所根据原告委托，按照被告当时的住所地就案涉侵权行为向其邮寄律师函，要求被告停止侵权，赔偿损失。

为维护合法权益，原告请求人民法院判决：（1）被告赔偿原告经济损失20 000元；（2）被告承担原告为制止侵权行为而支出的合理费

① http：//www. court. gov. cn/zgcpwsw/content/content？DocID = 52354e00-bbb8-4db5-a0f8-6d9b645ca001&KeyWord.

用 5 000 元。

被告四川乙电影频道管理有限公司认为其没有侵害原告的著作权，不应当承担任何的经济损失。原告提出的合理费用也不存在。原告的起诉已经超过诉讼时效，请求人民法院驳回原告的全部诉讼请求。

据此，依照《中华人民共和国著作权法》第 10 条第 1 款第 11 项、第 15 条第 1 款、第 46 条、第 48 条第 1 项、第 49 条，《中华人民共和国民事诉讼法》第 64 条第 1 款之规定，判决如下：被告四川乙电影频道管理有限公司于本判决生效之日起 10 日内赔偿原告北京甲影视制作有限公司损失及合理开支共计 4 000 元；驳回原告北京甲影视制作有限公司的其他诉讼请求。

【分析】根据《民法通则》第 135 条规定："向人民法院请求保护民事权利的诉讼时效期间为 2 年，法律另有规定的除外。"第 137 条规定："诉讼时效期间从知道或者应当知道权利被侵害时起计算。但是，从权利被侵害之日起超过 20 年的，人民法院不予保护。有特殊情况的，人民法院可以延长诉讼时效期间。"第 140 条规定："诉讼时效因提起诉讼、当事人一方提出要求或者同意履行义务而中断。从中断时起，诉讼时效期间重新计算。"根据《最高人民法院关于审理民事案件适用诉讼时效制度若干问题的规定》第 10 条第 1 款第 2 项的规定，当事人一方以发送信件或者数据电文方式主张权利，信件或者数据电文到达或者应当到达对方当事人的，应当认定为《民法通则》第 140 条规定的"当事人一方提出要求"，产生诉讼时效中断的效力。

2011 年 12 月 27 日，四川乙电影频道擅自通过其运营的电影频道播放案涉电影，北京甲影视公司在当日就知道其权利被侵害。那么诉讼时效期间应从 2011 年 12 月 27 日开始计算，在 2 年后即 2013 年 12 月 26 日截止。北京甲影视公司在上述诉讼时效期间内，于 2013 年 6 月 17 日以寄送律师函的方式要求被告停止侵权、赔偿损失等，产生诉讼时效中断的法律效果。新的诉讼时效从律师函到达之日即 2013 年 6 月 18 日起重新计算，截至本案起诉时（2014 年 12 月 10 日），并未超过 2 年的诉讼时效期间。

【启示】时效制度以强制性规范指明法律对民事权利的保护期限，可以促使权利人及时行使权利，避免久远债务对现实经济秩序的冲击，因而有利于稳定经济秩序。通常情况下，权利人可以基于其权利推翻现实的事实关系，恢复其权利关系，或强制义务人履行义务。但是，如果一种事实关系存在已久，必然引起社会对它的信赖，基于该种信赖，人们不免要在现存财产关系的基础上发生各种民事法律关系，即形成了相对稳定的事实关系，基于这一事实关系可能发生一系列事实关系，若无时效制度，不管经过多久，权利都受法律保护，就可能出现久远的权利冲击现实经济生活的情况，使人们对交易缺乏安全感。反之，若法律保护久已存在并为社会信赖的事实关系，则可收到稳定社会经济秩序，保护交易安全之功效，而且，可以调动占有人使用、改良物的积极性，达到物尽其用。从另一方面看，当权利受到侵害后，权利人长期漠然置之，不采取措施寻求法律保护，推定权利人放弃权利也是顺理成章的。同样是电影作品的广播权纠纷，北京甲影视制作有限公司在得知权利受到侵犯后，第一时间采取了措施委托央视市场研究股份有限公司提供证明，并联系律师给被告发送律师函，有效利用诉讼时效维护了自身的权益。而案例3中甲影视发行有限公司却因为怠于行使权利，最终丧失了胜诉权。

【案例5】

广东甲文化传播有限公司与乙在线股份有限公司著作权权属、侵权纠纷案①

【案情】 原告广东甲文化传播有限公司与被告乙在线股份有限公司著作权侵权纠纷一案，于2014年11月由湖南省长沙市中级人民法院公开开庭进行了审理。

原告系“喜羊羊与灰太狼”系列动漫形象美术作品的著作权人，被告未经原告许可，擅自通过其所经营的某网站传播了以“喜羊羊与灰太狼”系列动漫形象美术作品为游戏元素的游戏《灰太狼台球厅》，并通过上述行为获得了相应的非法收益，侵害了原告的著作权，给原告造成了重大的经济损失。原告为维护自己的合法权益，请求法院判令：(1) 被告立即停止侵权，即在其所有并经营的网站上删除以原告享有著作权的“喜羊羊与灰太狼”系列动漫形象美术作品为游戏元素的游戏《灰太狼台球厅》；(2) 被告赔偿原告经济损失共计15 000元整；(3) 被告承担原告为制止侵权行为支出的合理费用5 000元

① http://caseshare.cn/full/127670670.html.

整；(4) 被告承担本案全部诉讼费用。原告当庭提出撤回第1项诉讼请求；并在本案审理过程中明确仅主张被告行为侵害涉案作品的信息网络传播权。

原告于2012年5月29日向浙江省杭州市钱塘公证处申请证据保全，浙江省杭州市钱塘公证处于2012年6月10日作出（2012）浙杭钱证民字第4313号公证书。经当庭对比，原告认为被控侵权动漫形象眉毛呈粗线状，脸部右侧有缝合疤痕，下巴有数根胡须，与原告权利作品“灰太狼”形象近似。

被告针对原告比对意见提出如下意见：被控侵权动漫形象仅有头部形象，眉毛的形象呈下弦月状，眼睛及嘴部形象与原告享有著作权的作品不同。

被告于2012年8月22日已将其经营的某网站上的“灰太狼台球厅”游戏予以删除。原告对此予以确认。

2014年4月，浙江某律师事务所受原告委托，通过编号为10××09703的全球邮政特快专递，向被告员工林×邮寄维权相关律师函，邮件的收信地址为湖南省长沙市开福区芙蓉中路湖南日报社内。上述10×××09703邮件在www.ems.com.cn网页上的查询信息显示为：“您的邮件于2014-04-28 09:38:00（芙蓉北路揽投站）投递并签收”。

被告辩称：涉案游戏系网络用户上传，被告仅提供网络服务，且被告未取得任何收益，故不构成侵权；原告诉讼超过诉讼时效，请求法院驳回原告的诉讼请求。

法院依照《中华人民共和国著作权法》第10条第1款第12项、第48条第1款第1项、第49条，《最高人民法院关于审理侵害信息网络传播权民事纠纷案件适用法律若干问题的规定》第3条、第6条，《最高人民法院关于审理民事案件适用诉讼时效制度若干问题的规定》第10条之规定，判决如下：被告于本判决生效之日起10日内赔偿原告经济损失及合理费用共计人民币5 000元；驳回原告其他诉讼请求。本案案件受理费人民币800元，由被告负担。该费用已由原告预交，本院不作退回，由被告在履行本判决给付义务时一并付给原告。

【分析】 我国《民法通则》第140条规定：“诉讼时效因提起诉讼、当事人一方提出要求或者同意履行义务而中断。从中断时起，诉讼时效期间重新计算。”诉讼时效中断，是指在诉讼时效进行中，因一定事由的发生阻碍时效的进行，致使以前经过的时效期间统归无效，从中断时起，其诉讼时效期间重新起算。

广东甲文化传播有限公司于2012年5月29日知道权利被侵害，并对涉诉侵权行为公证取证，于2014年4月委托代理人向被告员工林×邮寄律师函主张权利，邮寄地址为被告公司登记地址，投递结果为2014年4月28日投递并签收。根据《民法通则》第140条，诉讼时效于2014年4月28日中断，诉讼时效期间重新计算。因此，原告于2014年11月进行起诉并没有超过诉讼时效。

【启示】广东甲文化传播有限公司在得知权利被侵害后，于第一时间进行取证，并积极委托代理人向被告主张权利，较好地在诉讼时效内维护了自己的利益。出版社在面对侵权纠纷时，应该学习广东甲文化传播有限公司，利用诉讼时效，快速做出反应，更好地维护权益。

【案例6】

四川××出版传媒股份有限公司与重庆××商务管理顾问有限公司联营合同纠纷申请再审案①

【案情】再审申请人四川××出版传媒股份有限公司（乙方）因与被申请人重庆××商务管理顾问有限公司（甲方）联营合同纠纷一案，不服重庆市第五中级人民法院（2012）渝五中法民终字第03318号民事判决，向重庆市高级人民法院申请再审。重庆市高级人民法院于2013年11月对本案进行了公开开庭审理。

2005年9月23日，乙方与甲方签订联营合同。该合同约定，甲方以重庆市南岸区南坪北路8号帝景摩尔商铺使用权作为联营场地投入，与乙方共同经营零售图书、音像制品、电子出版物等，乙方以其“××连锁”店内全部商品及营业前所需物资作为联营投入，联营期限自2005年12月15日起至2009年12月14日止，甲、乙双方各自按月提取营业收益，其余84%为乙方经营收益，第二年到第四年，甲方按照

① http：//caseshare.cn/full/119710681.html.

实际营业额的17%提取营业收益。其余83%为乙方经营收益；双方每月结算一次，销售期为每月1日至每月末日，甲方与乙方驻店财务每日核对当天销售款，并于次月1日核对上月账务，于对账第二日，由乙方店长携双方对账确认的凭证，在乙方财务开具对应数额的增值税票，交甲方财务中心划款；甲方应在每月5日之前将上月销售总额扣除甲方应得营业收益后的余额划入乙方指定账户。2006年4月1日至10月19日经营期间，甲方通过销售收到书店营业款共计835 867.8元，按照双方约定，甲方应按84%的分配比例支付乙方702 128.95元，但甲方并未按协议将此期间的营业款提取出乙方应得收益并支付乙方。乙方认为2006年4~10月的营业收益款双方未进行分配，遂提起诉讼。乙方向甲方主张的营业收益款，按照联营合同约定，甲方与乙方按月提取经营收益，甲方应在每月5号之前将上月所应提取的经营收益划入乙方指定账户，因此，乙方主张的营业收益款，即2006年10月1日至10月19日的营业收益款的诉讼时效也应从2006年11月6日起算。

甲方2009年12月1日出具的情况说明载明："四川××连锁股份有限公司：因我们分配的金额中都是含税金额，所以造成了对账中的出入，从2006年3月到2007年2月因××书城所造成的税费为88 325.06元，因合同中注明各自承担相应的税费，所以四川××连锁股份有限公司应承担73 309.8元的税费。"

乙方申请再审称：二审判决认为乙方要求甲方支付经营收益款的诉讼请求超过诉讼时效不符合事实，适用法律错误，理由有：（1）本案是因联营引起的合同之债，不管是履约保证金的返还还是每个月经营收益款的支付，都是同一法律行为引起的同一债务，根据《最高人民法院关于审理民事案件适用诉讼时效制度若干问题的规定》第5条的规定，本案的诉讼时效应从2010年1月14日起计算。（2）甲方在2009年12月1日出具情况说明及附件给乙方的行为应当视为对原债务的重新确认，诉讼时效应从2009年12月1日起算；乙方提交的证据与甲方谈话录音记录表明，乙方曾在2010年向甲方主张权利，诉讼时效在2010年中断。

法院判定，驳回乙方的再审申请。乙方认为其请求甲方支付营业收益款没有超过诉讼时效，二审判决法律适用错误的申请再审理由均不成立，本院不予支持。

【分析】 根据《民法通则》第135条规定："向人民法院请求保护民事权利的诉讼时效期间为2年，法律另有规定的除外。"第137条规定："诉讼时效期间从知道或者应当知道权利被侵害时起计算。但是，从权利被侵害之日起超过20年的，人民法院不予保护。有特殊情况的，人民法院可以延长诉讼时效期间。"第140条规定："诉讼时效因提起诉讼、当事人一方提出要求或者同意履行义务而中断。从中断时起，诉讼时效期间重新计算。"《最高人民法院关于审理民事案件适用诉讼时效制度若干问题的规定》第5条规定："当事人约定同一债务分期履行的，诉讼时效期间从最后一期履行期限届满之日起计算。"

甲方2009年12月1日出具的情况说明只能证明双方在税费缴纳问题上进行过协商，但不能证明在超过诉讼时效期间后，甲方重新确认同意支付2006年4月1日至10月19日营业收益款，因此，乙方认为甲方出具情况说明及附件的行为应当视为对原债务的重新确认，诉讼时效应从2009年12月1日起算的申请再审理由不成立。由于诉讼时效不能从2009年12月1日起算，即使乙方提交的与甲方的谈话录音记录表明乙方曾在2010年向甲方主张权利，也不能发生诉讼时效在2010年中断的效力。

【启示】 西方有句法谚："法律帮助勤勉人，不帮睡眠人。"即防止"躺在权利上睡眠的人"。所以时效制度的确定能促使权利人积极行使权利，权利人如不及时行使权利，就可能导致一定权利的丧失或不受法律保护，这就促使权利人在法定期间内行使权利，以维护自己的利益。出版活动中，账务纠纷不可避免。要想减少麻烦，最好是严格按照合同的要求付款，并在规定的时间内将货款付清，以免出现纠纷，相见于法庭。这样既耗费了时间和金钱，又失去了客户。

【案例7】

张×等诉广东××文化传播有限公司侵害著作财产权纠纷案①

【案情】 上诉人张×、××关注杂志社以及原审被告广东××文化传播有限公司因侵害著作财产权纠纷一案，张×、××关注杂志社均不

① http://caseshare.cn/full/119630334.html.

服广东省广州市越秀区人民法院（2011）穗越法民四知初字第334号民事判决，向广东省广州市中级人民法院提起上诉。广东省广州市中级人民法院于2013年10月公开开庭进行了审理。

《新译西方幽默》是一本图文作品，由党×军和张×合作创作，党×军将一些西方外文版的幽默翻译成中文，再由张×根据译文创作相应的漫画。该书于2007年由昆仑出版社出版，封面上署名：张×画，党×军译；版权页载明：版次2007年1月第1版，印次2007年1月北京第1次印刷，印数1~3000册，定价39元。该书共刊登了193篇西方幽默译文及彩色漫画作品，其中包括涉案作品《新人》。党×军发表声明，表示其自愿放弃联合署名的权利，由张×单独行使该书著作权人的诉讼权利。

2009年9月3日，张×在广州市寺右二马路27号一楼121铺被告广东××文化传播有限公司的门店内购买了《××关注》杂志2008年合订本（秋），广东××文化传播有限公司开具了发票（发票号码07884472），发票金额52元，并盖有“广东××文化传播有限公司发票专用章”。经比对，《××关注》杂志2008年合订本（秋）中第9期第67页《会做人也会做事》文中使用了张×在《新译西方幽默》第185页《新人》中创作的漫画，但没有署名，并将彩色印刷改为黑白印刷。

2011年4月8日，张×（甲方）与广东某律师事务所（乙方）签订委托代理合同，约定甲方因《××关注》杂志侵权纠纷一案，聘请乙方的律师作为委托代理人，委托期限至执行终结，甲方向乙方支付律师代理费3 000元等。另张×于2009年1月23日向××日报传媒集团发出律师函，其中载明：“张×先生近日无意中发现，贵方旗下《××关注》杂志在2008年第7期至2009年第2期杂志中，未经著作权人张×的同意，擅自使用了张×创作的《飞机故障》《为了加强中东地区盟友的军事力量》等41幅漫画，有的未署名，有的肆意修改原作，有的违背原作创意，张冠李戴。……请贵方在接到本律师函后20日内赔偿张×全部损失205万元，否则我们将向广州市人民法院提起民事诉讼等。附：陕西省科学院制药厂与张×先生调解协议书一份”。

张×曾于2011年1月19日以××关注杂志社擅自在2008年第9期《××关注》杂志中使用张×创作的《第47号瓶子》漫画为由向原审法院提起诉讼，要求两被告停止侵权并赔偿经济损失、合理费用。原审法院已以（2011）越法民四知初字第141号立案受理。在该案中，张×表示双方还有27幅作品没有达成赔偿协议，因××关注杂志社没有诚意与张×达成赔偿的总数，才会引起该案的诉讼。××关注杂志社的代理人则在代理词中表示：该社在收到张×的律师函后，及时承认了侵权事实，并与张×进行过多次协商，希望达成和解协议，但因张×提出巨额经济损失赔偿未达成协议。同时在该案审理过程中，张×与××关注杂志社还曾就尚未处理的侵权作品的赔偿总数进行协商，但未果。

原审法院审理认为：根据已查明的事实，在（2011）越法民四知初字第141号案件审理过程中，××关注杂志社确认在收到张×律师函后与张×进行了多次协商，只是双方未能就赔偿总额达成一致意见，且双方在该案中还曾就尚未处理的侵权作品的赔偿总数再次进行协商，可见张×在提起本案诉讼前曾多次向××关注杂志社主张权利，本案诉讼时效已发生中断，故××关注杂志社抗辩张×已超过2年诉讼时效期间，缺乏事实和法律依据，该院不予采信。

二审法院审理认为，张×在2009年1月23日发律师函中向××关注杂志社主张了41幅作品的权利，后协商未果，张×分别向广州市海珠区人民法院起诉以及广州市越秀区人民法院进行了起诉，虽然本案至2011年4月再进行起诉，但从本案调查的情况来看，张×在前述众多案件中都明确表示要主张这41幅作品的权利，应当认定诉讼时效中断，对于××关注杂志社的该项上诉请求本院不予支持。

【分析】根据《民法通则》第135条规定："向人民法院请求保护民事权利的诉讼时效期间为2年，法律另有规定的除外。"第137条规定："诉讼时效期间从知道或者应当知道权利被侵害时起计算。但是，从权利被侵害之日起超过20年的，人民法院不予保护。有特殊情况的，人民法院可以延长诉讼时效期间。"第140条规定："诉讼时效因提起诉讼、当事人一方提出要求或者同意履行义务而中断。从中断时起，诉讼时效期间重新计算。"

张×于2009年1月23日向××日报传媒集团发出律师函，向××关注杂志社主张权利。虽协商无果，但在2011年4月再起诉之前，多次与××关注杂志社协商，明确表示要主张41幅作品的权利，具有诉讼时效中断的法律效果，并没有超过诉讼时效。

【启示】诉讼时效，是指权利人在法定提起诉讼的期间内不行使请求人民法院保护其民事权利的请求权，就丧失了请求法院依诉讼程序强制义务人履行义务的权利。时效制度可以促使权利人及时行使权利，避免因年代久远，证据灭失、事实难以查清所带来的困难。当作者的著作权受到出版社或报社的侵犯时，作为独立的个体，作者通常处于弱势的地位。此时应该快速做出反应，在诉讼时效内进行维权。

【案例8】

北京××在线数字出版股份有限公司诉上海市民办××学校侵害作品信息网络传播权纠纷案①

【案情】原告北京××在线数字出版股份有限公司诉被告上海市民办××学校侵害作品信息网络传播权纠纷一案，于2012年6月21日在上海市徐汇区人民法院公开开庭进行了审理。

2006年3月16日，巴金的合法继承人李×（甲方）与原告（乙方）签订数字图书合作协议，约定甲方授予乙方在全球范围内对授权作品（中文简体和繁体）的数字出版行使专有使用权（包括但不限于信息网络传播权、CD-ROM）；乙方以版税的方式向甲方支付报酬；协议有效期内，乙方独家代为甲方对授权范围内数字图书的侵权行为进行维权活动，具体授权以授权委托书为准；协议有效期自2006年3月16日起至2016年3月16日止。协议附件授权书载明："现将以下作品（见授权目录）的信息网络传播权授予北京××在线文化发展有限公司（下称××在线），××在线有权以下列方式行使和维护权利：以信息网络传播、制作和销售电子出版物等数字化制品的方式专有使用授权作品……以××在线自己的名义对任何侵犯被授权作品信息网络传播权的侵权行为行使权利……"授权作品目录包括了《爱情的三部曲》等作品。2006年12月29日，李×（甲方）与原告（乙方）签订了同样内容的数字图书合作协议，所附授权书和授权作品目录的内容也同上一致。

被告系网站http：//www.mbjmzx.jsol.net的经营者。2009年9月15日，经原告申请，北京市求是公证处公证员对原告代理人郑×使用公证处计算机在互联网上浏览网页，并对网页部分内容进行打印并下载

---

① http：//caseshare.cn/full/118451380.html.

保存的过程作证据保全公证。北京市求是公证处公证员刘×和公证人员谷×见证了上述操作过程，制作现场记录，将从上述网站上下载并保存的图书《雾雨电》刻录成光盘，并于同年10月16日出具了（2009）京求是内民证字第××××号公证书。

2011年7月4日，原告委托律师向被告发出律师函，称原告经著作权人授权依法享有《雾雨电》等51部作品的信息网络传播权、制作和销售电子出版物等数字化制品使用权和许可使用权，被告未经授权，擅自将上述作品转载于某民办网站上，并可被公众任意浏览、传播和下载，要求被告立即停止侵权，赔偿原告63万元。

原告、被告一致确认公证书所记录的《雾雨电》作品字数为218 886字，且内容与原作品相应内容一致，被告自行将涉案作品上传至其经营的网站，并已于2009年下半年删除涉案作品。

原告认为，被告的上述行为侵犯了原告对涉案作品享有的信息网络传播权，故请求判令：（1）被告赔偿原告经济损失人民币23 800元；（2）被告赔偿原告为制止被告侵权行为支付的合理费用人民币6 000元（其中公证费1 000元，律师费5 000元）。

被告上海市民办××学校辩称，（1）被告没有侵权的主观恶意，被告不是营利性单位，在网站上传播涉案作品没有获利，被告在网站上上传涉案作品是为了方便学生学习，应属合理使用。（2）原告公证时间为2009年9月15日，起诉被告时间是2011年11月17日，已超过诉讼时效期间。（3）被告并未上传涉案作品的全部内容，只是部分内容。（4）被告是通过案外人××数据电子出版社的“21世纪××视听图书馆”下载获得的涉案作品，而原告已经通过起诉××数据电子出版社获得了赔偿，现原告起诉被告是重复起诉。（5）对原告的诉讼主体资格有异议，原告提供的证据不能证明原告享有涉案作品的信息网络传播权。

法院认为，被告辩称原告获知权利被侵害的时间是2009年9月15日，原告于2011年11月17日起诉被告已超过诉讼时效期间。本院认为，在2009年下半年被告已删除涉案作品后，原告于2011年7月4日委托律师向被告发出律师函主张权利，故诉讼时效期间从2011年7月4日起重新计算。现原告于2011年11月17日向本院提交诉状，本院于当日收取相关诉讼材料并对本案进行诉前调解，故原告在本案中起诉被告未超过诉讼时效期间，本院对被告关于诉讼时效的抗辩不予采信。

【分析】根据《民法通则》第140条规定："诉讼时效因提起诉讼、当事人一方提出要求或者同意履行义务而中断。从中断时起，诉讼时效期间重新计算。"

2009年9月15日，原告发现其权利受到侵害，积极采取措施，让北京市求是公证处公证员对原告代理人郑×使用公证处计算机在互联网上浏览网页，并对网页部分内容进行打印并下载保存的过程作证据保全公证。2011年7月4日，原告委托律师向被告发出律师函向被告主张权利，具有诉讼时效中断的法律效果。诉讼时效期间从2011年7月4日重新计算，故2011年11月17日原告向法院提交诉讼，并未超过2年诉讼时效期间。

【启示】当发现自己的权益受到侵害时，应该快速做出反应进行维权。只有做出了反应，才能中断诉讼时效，让诉讼时效重新开始计算，为自己的维权争取更多的时间。在此案例中，原告发现其权益受到侵害后马上采取措施进行公证，并发出律师函，较好地利用了诉讼时效，有效地维护了权益。

【案例9】

广州甲文化传播有限公司诉成都乙网络科技有限公司侵害作品信息网络传播权纠纷案①

【案情】原告广州市甲文化传播有限公司诉被告成都乙网络科技有限公司侵害作品信息网络传播权纠纷一案，于2014年12月在四川省成都市武侯区人民法院公开开庭进行了审理。

原告诉称，原告系《东京留学传》文学作品的合法著作权人。原告发现被告未经许可，擅自在其经营的××小说网中发布、传播了包括《东京留学传》在内的多部原告公司享有著作权的作品。

2010年10月18日，原告的委托代理人周×来到广东省广州市萝岗公证处，申请进行证据保全公证，该公证处接受原告的申请，在公证员及公证人员的监督下，周×于当日及2010年10月20日分别在该公证处的办公电脑上登录××小说网（网址：http：//www. fmx. cn/）网站并对相关网页进行打印，周×以用户名"huaji"在该网站进行注册登录等操作后，在"书籍搜索"栏中对相关书籍进行搜索，并在线随

① http：//caseshare. cn/full/123675397. html.

机点击打开阅读。在网页操作过程中，周×将相关网页进行截图，粘贴在Word文档中进行打印。该公证处公证员和公证人员、拍摄人员对周×的上述操作过程进行拍摄，并刻录了光盘。该公证处对此出具了(2010)粤穗萝证字第6709号公证书并附网页文字资料32页、光盘5张，网页文字资料为周×在上述操作过程中实时打印所得，光盘内容为拍摄上述操作过程的录像。

2012年7月25日，原告通过EMS向被告邮寄了侵权联系函一份，该邮件EMS详情单的收件人姓名为"林×"，单位名称为"成都乙网络科技有限公司"，内件品名为"《联系函》原件壹份（寄件人向收件人主张权利，收件人侵犯广州市甲文化传播有限公司所有的《野有蔓草》《好事多磨》等628部作品的著作权）"。该邮件于同年7月27日由单位收发章签收。

2013年7月8日，原告通过EMS向被告邮寄了两份律师函，收件人均为"林×"，公司名称均为"成都乙网络科技有限公司"，地址分别为"四川省成都市武侯区沙堰街238号10-2幢1楼×号"和"四川省成都市青羊区北大街19号正成财富领地3栋×号"，该两份邮件被拒收退回原告。

原告认为被告的行为严重侵犯了原告对上述作品享有的信息网络传播权。原告诉请人民法院判令：（1）被告赔偿原告包括维权合理费用在内的损失30 000元（合理费用包括律师费5 000元、公证费300元、交通费400元）；（2）被告承担本案诉讼费用。

被告辩称：（1）原告发现被控侵权行为的时间为2010年10月18日，其于2013年8月1日起诉已经超过诉讼时效，原告所称的2012年7月25日邮寄的侵权联系函，因地址错误被告并未收到，因此不发生诉讼时效中断的法律后果。（2）被告经营的××小说网系提供网络服务的网站，为服务对象提供信息存储空间，供服务对象通过信息网络向公众提供文学作品。××小说网作为开放性网站，被告面对大量作品不可能对网站会员上传的作品的著作权一一甄别，但网站对侵权行为有明确的警告和声明，并制定了《非原创作品凤鸣轩处理规定》，客观上尽到了足够的注意义务。（3）原告主张的损失计算不合理，缺乏事实和法律依据，被告亦未从被控侵权行为中获利，且涉案作品篇幅不大，作者和作品的知名度较小，在涉案网站的停留时间短，因此原告主张的赔偿金额过高。

法院认定原告的诉讼时效于2012年7月25日中断，诉讼时效期间重新计算，原告于2013年8月1日向本院提起诉讼没有超过法律规定的诉讼时效期间，被告关于诉讼时效的抗辩不能成立。

据此，依照《中华人民共和国著作权法》第10条第1款第12项、第11条第4款、第17条、第48条第1项，第49条，《中华人民共和国民事诉讼法》第64条、第148条第1款、第2款、第3款之规定，判决如下：成都乙网络科技有限公司于本判决生效之日起5日内赔偿广州市甲文化传播有限公司经济损失及合理开支共计2 000元；驳回广州市甲文化传播有限公司的其他诉讼请求。

【分析】《民法通则》第135条："向人民法院请求保护民事权利的诉讼时效期间为2年，法律另有规定的除外。"第137条："诉讼时效期间从知道或者应当知道权利被侵害时起计算。但是，从权利被侵害之日起超过20年的，人民法院不予保护。有特殊情况的，人民法院可以延长诉讼时效期间"。《最高人民法院关于审理民事案件适用诉讼时效制度若干问题的规定》第10条第1款第2项："具有下列情形之一的，应当认定为民法通则第140条规定的'当事人一方提出要求'，产生诉讼时效中断的效力：当事人一方以发送信件或者数据电文方式主张权利，信件或者数据电文到达或者应当到达对方当事人的。"

原告于2010年10月18日向广东省广州市萝岗公证处申请证据保全公证，自当日起，原告应当知道其权利受到侵害，于2012年7月25日按被告工商登记的住所地址以特快专递方式向被告发出主张权利的文书，相关邮件由单位收发章签收，表明该邮件已投妥，虽然被告称其实际经营地址在其他地方，但被告未办理相关变更登记手续，且邮件是由单位收发章签收，因此原告有理由相信其主张权利的函件已经到达或者应当到达被告处，故2012年7月25日原告向被告寄送侵权联系函的行为具有诉讼时效中断的法律效果。诉讼时效从2012年7月25日重新开始计算，2013年8月1日起诉仍然在诉讼时效期间。

【启示】随着网络技术的进一步发展，网络上的内容更便于人们复制粘贴，各种各样的著作权很容易受到侵犯。出版社应该采取措施保护好相关作品的电子版，以免被上传至网络而遭到广泛传播。一旦发现版权被侵犯，应该尽快利用法律手段进行维权，将损失降低到最少。

后　记

随着我国出版行业改革的深化，有关出版的法律法规体系逐步完善，广大出版从业人员也需要通过学习，对自己所处的法律环境有一个全面的了解，知晓法律赋予的权利和义务。

案例教学法在出版教育中占据着重要地位，是一种很有发展潜力的教学模式。本书配合《出版法律基础》一书，选取大量有代表性的案例，通过案例评析的方式系统阐释了法的基本原理、有关出版主体准入退出的相关知识、有关代理行为的法律规定、出版合同订立及履行的注意事项、出版行业的各种不正当竞争行为、著作权的保护、出版广告发布的有关规定、出版行业纠纷的解决办法以及诉讼时效的有关规定。全书编写体例按照案例介绍、案例分析和启示的形式，兼顾学术的系统性和实践的实用性，也便于读者进一步掌握所学的内容，加深对出版行业相关法律知识的了解。

在本书的编写过程中，由笔者拟定编写大纲，确定编写体例，学生刘菡、邸铭、程梦瑶、孙浩平、欧阳臻吟、潘道平、常嘉玲参与编写。具体按章节顺序，邸铭负责第一章和第二章案例的搜集、整理与分析，程梦瑶负责第三章和第九章案例的搜集、整理和分析，刘菡负责第四章案例的搜集、整理和分析，孙浩平负责第五章案例的搜集、整理和分析，欧阳臻吟负责第六章案例的搜集、整理和分析，潘道平负责第七章案例的搜集、整理和分析，常嘉玲负责第八章案例的搜集、整理和分析，笔者负责全书的统稿。在此感谢同学们的辛勤劳动。

本书的编写参考引用了很多著作和论文的观点，很多案例引自北大法律信息网、中国法律资源网、中国法院网，在此谨向这些著作和论文的作者及相关网站表示衷心的感谢。

本书的出版得到武汉大学出版社的大力支持，编辑詹蜜女士、陈豪女士付出了辛勤的劳动，在此一并表示感谢。

武汉大学出版发行研究所

黄先蓉